HANS GERD KÜBEL

ERLAUBST DU WOHL, DIR EIN GESCHICHTCHEN ZU ERZÄHLEN?

Rothenhäusler Verlag Stäfa

*«Er kennt mehr Genüsse als irgendein
Mann, den ich getroffen habe.
Er denkt aus Sinnlichkeit. Zu einem
alten Wein oder einem neuen
Gedanken könnte er nicht nein sagen.»*

Bertolt Brecht, Galileo Galilei

Erscheint zum 60. Geburtstag von
Hans Gerd Kübel in der Reihe der
Kleinen, Klugen, Kultivierten von
Rothenhäusler.

© 1995 Rothenhäusler Verlag
CH-8712 Stäfa
Satz: GBS, Lyss
Druck: Fäh + Partner, Geroldswil
ISBN 3-907960-68-8
Printed in Switzerland

ZUM GELEIT

Hans Gerd Kübel erlag am 2. Februar 1994 in seinem neuen Wohnsitz im Elsass einem Herzversagen. Zur Gedenkfeier am 14. Februar im Schloss Rapperswil vereinigten sich über zweihundert Freunde des Verstorbenen. Kurt Hübner, Regisseur und früherer Intendant der Freien Volksbühne Berlin, erinnerte als einer der engsten Theatergefährten Hans Gerd Kübels an den Schauspieler HGK.
Jürg Tobler, heute Direktor «St. Galler Tagblatt», und Studiendirektor Peter Haarmann würdigten den Freund als Kabarettisten, Festspielleiter, Übersetzer, Kolumnisten, Rezitator, Degustator, Dozenten und – last not least – als Schöpfer des BALIK-Rauchlachses.

Mit Freude und Dankbarkeit haben wir Jürg Toblers Nachruf in die vorliegende Schrift des Gedenkens übernommen. Aus seiner Ansprache geht hervor, dass HGK am 28. Oktober dieses Jahres – zu seinem 60. Geburtstag – seine Freunde im sorgsam renovierten «Berckheimerhof» in Riquewihr um sich versammeln wollte. «Dieses vierhundertjährige Haus sollte ohnehin eine Burg der Freundschaft werden.»

Die Versammlung in dem Elsässer Renaissancehof kann nun leider nicht mehr stattfinden. Dafür erscheint dieses kleine Buch von und über HGK. Es besteht aus drei Teilen:
– drei Zeugnissen der Freundschaft,
– einer kleinen Anthologie des Humors mit Gedichten von Wilhelm Busch, Erich Kästner und Fridolin Tschudi, drei Wahlverwandten des melancholischen Humoristen HGK und
– drittens – als Herzstück – Texten von Hans Gerd Kübel.
Dabei mussten wir uns auf eine knappe Auswahl beschränken.
Der Redner, Lehrer und Dozent HGK kommt überhaupt nicht zu Wort. Dabei könnten seine witzigen und zugleich hintergründigen, mit trefflichen Zitaten

aus Texten der Weltliteratur gespickten Reden leicht ein zweites Bändchen unserer Reihe der «Kleinen, Klugen, Kultivierten» füllen. Lohnend wären da, um nur drei Beispiele anzuführen:

Auftritt – Rhetorik – Humor
Ansprache zur Diplomfeier der Hochschule St. Gallen am 22. Januar 1993

Männer – die Frauen kommen!
Rede im Hotel Gravenbruch Kempinski, Frankfurt am Main, am 1. Juli 1991

An die Freunde
Ansprache im St. Galler Tagblatt zur Neubaueröffnung am 25. Oktober 1989

Wenn das vorliegende Büchlein Anklang findet und den Appetit auf noch mehr «HGK» anregt, ist es nicht ausgeschlossen, dass er Ihnen bald weitere «Geschichtchen und Geschichten» erzählt.

Paul Rothenhäusler

INHALT

Zum Geleit

«Wir beklagen den Verlust eines
aussergewöhnlichen Menschen»   7

Fünf Kolumnen:
   Kennen Sie den?   12
   Vom Notvorrat an Geistigem   14
   Menu astronomique mit acht Cloches   15
   Eine Agentur für positive Meldungen   17
   Ausflug ins Elsass   19

«Die schönen Tage von Luxor sind nun zu Ende»   21

Frühlingsfaxereien   29

BALIK – besessen von einer Idee   32

Zwei Lachs-Briefe:
   Lachsbrief vom 1. November 1978   38
   Lachsbrief zum Weihnachtsfest 1986   39

«Erlaubst du wohl, dir ein Geschichtchen
zu erzählen?»   44

Gedenkblatt für Wedniorka   49

Hans Gerd Kübel über HGK   53

Aus Hans Gerd Kübels «Notvorrat an Geistigem»
   Wilhelm Busch   54
   Erich Kästner   58
   Fridolin Tschudi   61

Anmerkungen des Herausgebers   66

WIR BEKLAGEN DEN VERLUST EINES AUSSERGEWÖHNLICHEN MENSCHEN

Wo und *wie* er uns entgegentrat – in Latzhose oder Smoking –, es war ein *Auftritt*. Zu wem er auch sprach, ob zu Ärzten, Managern oder den Freunden von Tafelfreuden: seine Worte waren wohlgefügt und effektvoll gesprochen. Sie verdienten es, ernstlich bedacht zu werden. Sie waren heiter und tief.

Am 1. Februar zog ich ein dickbäuchiges Couvert aus dem Briefkasten. Poststempel: Riquewihr. Auf fünf engbeschriebenen Blättern war alles da, was einen Briefempfänger anrührt: das lebhafte Teilnehmenlassen an Begegnungen, das Mit-teilen von Beobachtungen, Freuden, Zweifeln, Sorgen – humorvoll eingebunden, mit Sprachwitz aufgeladen . . . und *be*laden von Melancholie. Es ist die Melancholie und der Selbstzweifel dessen, der lange Zeit in grellem Licht stand, mit 45 Jahren des eitlen Betriebs müde ward, von der Bühne ging, seine Ruhe zu finden – und die Stille nicht ertrug.

In diesem langen, kurzweiligen, poesievoll heiteren und zugleich schwerblütigen Brief beschwört der Freund das «Carpe diem», das über seiner Haustür' steht: Nutze den Tag, beute ihn aus!

Nicht dass ich, schrieb ich ihm tags darauf zurück, nicht dass ich den Hauskaplan spielen wollte; doch er möge mir erlauben, mit Ludwig Marcuse zu antworten: «Du sollst Dich nicht so sehr vor dem Tode fürchten, dass Du ‹Carpe diem!› rufen musst.»

Wie sehr beschämte mich am Abend des 4. Februar, durch Hanspeter Reichmuth benachrichtigt, mein wohlgemeinter, doch ebenso wohlfeiler Hinweis.

*

Wer Gerd Kübel einer kleinen Abendgesellschaft oder einem grösseren Publikum vorzustellen hatte, kam in Verlegenheit – zu seinem sichtlichen Behagen. Wo sollte man anfangen, wie aufhören? Schauspieler, Regisseur, Kabarettist, Festspielleiter, Übersetzer, Gastrosoph, Kolumnist, Rezitator, Degustator, Dozent...

Beim Letzten zu beginnen: *Er* benannte diese Funktion so, doch das Wort entwirft eine falsche Vorstellung. H.G.K. stand vor allen möglichen Klassen in allen erdenklichen Haupt- und Nebenfächern – aber er tat nie und nirgends, was man «dozieren» nennt. Er *lehrte*. Er war der berufene Lehrer, und er lehrte, was das Leben lehren kann, lehrte Lebenskunst. Er gab so vielen so viel davon, dass sein Vorrat an Lebensklugheit für ihn bisweilen kaum mehr auszureichen schien.

Natürlich gab er auch Fachunterricht, nicht nur an der Schauspiel-Akademie. Wer von ihm, dem begnadeten Orator, das Reden lernen wollte (wie unsere St. Galler Journalistenschüler), der kam nicht vom Podest hinunter, bevor er sich selbstgewiss aufzurichten, den Hals zu recken und die Lungenflügel zu blähen wusste.

Wirkung war für ihn zunächst eine Frage der Haltung – Haltung wohlverstanden nicht bloss als Fähigkeit, sich aufrecht hinzustellen. Lehrer von Lebensklugheit war er auch als Schauspieler.

Und wie *hat* ihm dieses Lehramt gefehlt in seinem letzten Jahrzehnt! Je weiter ihm die Bühnenwelt entrückt war, desto öfter und engagierter erläuterte er Nuancen der Interpretation – Nathan mit sächsischem Zungenschlag, beispielsweise. Und mit seinem verschmitzten Blick aus den Augenwinkeln prüfte er seine Zuhörer: Ob du's auch verstehst?

Ob wir ihn begriffen oder nicht, *verblüfft* waren wir allemal: diese Sprachmacht aus Sprachliebe!

Aber es schätzten Hans Gerd Kübel nicht nur die «Kulinariker» der feinen und gleichzeitig kraftvollen Rede, sondern auch jene des Gaumens. Mit seinem Namen verbinden sie die Marke: «Balik», gewissermassen «die Davidoff» des Räucherlachses.

Gemeinsam mit seinem langjährigen Freund Klöti liess er in seinem Mogelsberger «Moos» nach einem altrussischen Rezept räuchern.

Davidoff ist hier nicht des Rauches oder der russischen Herkunft wegen genannt. Mit Davidoff verband ihn eine ungewöhnliche Begabung zum *Marketing*. In ein einziges Gebot übersetzt: Du sollst einem guten Produkt eine noch bessere Legende mitgeben, eine Geschichte, ein paar Geschichtchen auch und ein kleines, unauflösbares Geheimnis. Darauf verstand sich Gerd Kübel. Er verkaufte *zauberhaft*.
Freilich, Rückschläge blieben ihm nicht erspart, auch kommerzielle nicht.
Am tiefsten allerdings – so schien mir wenigstens – traf ihn der Tod seiner Mutter. Und eine schwärende Wunde hinterliess, dass die Mogelsberger seine Liebe zur dritten Heimat – nach Deutschland und Argentinien die Schweiz – nicht glauben wollten, sie jedenfalls nicht erwiderten, ihm die Einbürgerung vorenthielten.
Dies vereinsamte ihn; ihn, der unsere Mundart nicht nur perfekt beherrschte, sondern von unserem Land mehr wusste und wahrnahm als viele der Eingesessenen, die über seine Bürgerverbriefung entschieden. «Der Kübel» war ihnen nicht geheuer, er sprengte die vertrauten Masse. In all ihren Dimensionen.
Seither stritten wir uns an manchen Abenden über die Schweiz. Die Bitterkeit verlor sich mit den Jahren, doch er blieb ein enttäuschter Patriot.
Im Elsass fand er mehr Offenheit, Zuneigung, Wärme. Im Oktober dieses Jahres wollte er seine Freunde im sorgsam renovierten «Berckheimerhof» um sich versammeln – wir wissen, aus welchem Anlass.
Dieses vierhundertjährige Haus sollte ohnehin eine Burg der Freundschaft werden, für Maler wie Roger Mühl und Poeten wie André Heller, für grosse Köche wie die Haeberlins, kultivierte Winzersleut' wie die Blancks und für leidenschaftliche «Fresser», denen er sich schalkhaft zugerechnet hat.
O ja, schalkhaft war er. Nicht witzelnd und schon gar nicht anzüglich schäkernd. Wir könnten ihn auch nicht als «Humoristen» bezeichnen, ohne ihm Unrecht zu tun. Er war Botschafter des Humors. Humor als Lebenshaltung, nicht als Abwechslung oder Ausflucht.

Mark Twain erklärt in einer Anthologie über den amerikanischen Humor, weshalb uns Humoristen auf Dauer nichts bedeuten können – weil sie Humor als Zutat und Verzierung handhaben. «Ich habe immer gleichzeitig *gepredigt*.» Und eben dies ist von Hans Gerd Kübel zu sagen. Ein humorvoller Moralist. Seine Kolumnen im «St. Galler Tagblatt» haben es stichhaltig dokumentiert.
Sein Magen war wohl zu gross für sein schwaches Herz. Doch solange es konnte, schlug es mit dem Taktgefühl des feinsinnigen Humors.
Ohne Hans Gerd Kübel haben wir jetzt noch weniger zu lachen; die Untertoggenburger Hügel sind noch etwas flacher geworden, und mit einem Mal empfinden wir *sein* Gefühl von Einsamkeit, das abschiedlich quälerische Gefühl, «nicht mehr gebraucht zu werden».

*

Hans Gerd Kübel hat uns mit den Augen von Wilhelm Busch und Erich Kästner, von Morgenstern und Hüsch geliebt.
Ja gewiss: *geliebt*.

Wir beklagen den Verlust eines Freundes.

«Freundschaft: ihr Name ist so verbraucht und im Gebrauch erniedrigt wie derjenige der Liebe. Wo aber ein Zustand ihn wirklich verdient, diesen hohen Namen, da ist etwas Wunderbares vorhanden: gemeinsame, unausgesprochene Ahnung, Übereinstimmung, gleichgerichtetes Streben oder bisweilen auch Uneinigkeit in Sympathie, die sich alsbald, durch diese Sympathie belebt, entwickelt und zu einer höheren Form des Einverständnisses gelangt.» So schrieb Carl J. Burckhardt. Und ich zitiere *ihn*, weil seine Freundschaftsfähigkeit eindrücklich belegt ist in seinem Briefwechsel mit Max Rychner.
Freundschaften sind oft, vielleicht zumeist zweckhafte Verbindungen, die sich so lange halten, als sie nützlich scheinen – zumal in dieser narzissmustrunkenen Zeit.

Es ist unvermeidlich Egoismus im Spiel, denn es ist uns um Erweiterung, jedenfalls Ergänzung zu tun, wenn wir Freundschaft suchen und erwidern – eine mythische Zweiheit, Erfüllung einer Art Zwillings-Sehnsucht: *eine* Seele in zwei Körpern.
Aber es kann auch ein Akt der Bescheidung und Beschränkung sein: dass wir dem Beifall der vielen die Vertrautheit mit den wenigen vorziehen. Gerd Kübel hat *dazu* sich entschieden, widerstrebend zwar, den Alternativcharakter bedauernd, aber er *hat* – so, als wollte er einem Wort von Sarah Bernhardt nachleben: «Man soll nur für die wenigen leben, die uns kennen und zu schätzen wissen, die uns beurteilen und freisprechen, und für die wir die gleiche Zuneigung und Nachsicht aufbringen, denn das Leben ist kurz . . .»
Life is short.
Man soll sich dessen, was sich nicht mehr rühren kann, niemals gewiss sein. Dennoch rechne ich diesen beseelten Willen zur Freundschaft zu seinem Vermächtnis. Und nahezu sicher bin ich, im Geiste unseres Freundes zu tun, wenn ich mein Wort jetzt an Fridolin Tschudi abtrete.
«Er sei» – schrieb Gerd auf der 5. Seite seines letzten Briefes, den ich am Vorabend seines Todestages in Händen hielt – «Euch zur Freude und mir zur Beweisführung zum Schluss wieder einmal zitiert»:

Mit Verstand ein Weinlein schlürfen,
froh sein, dass wir leben dürfen,
eine hübsche Jungfer küssen,
nie sich sklavisch ducken müssen,
Freundschaft mit den Freunden pflegen,
möglichst sich normal bewegen,
keinem die Erfolge neiden,
dankbar werden und bescheiden,
aber, mit sich selbst im klaren,
dennoch seinen Stolz bewahren,
die Talente frei entfalten,
kritisch sich und wach verhalten,
gegen die Vergreisung kämpfen,
seine eigene Stimme dämpfen,
auch die Gegner gelten lassen,

weder sich noch andre hassen,
niemals wegen Nichtigkeiten
blau sich ärgern oder streiten
oder hypochondrisch werden
und sein Glück dadurch gefährden,
sondern still ein Weinlein schlürfen
und, solange wir's noch dürfen,
die erwähnte Jungfer küssen:
das ist alles, was wir wollen –
respektive können sollen –
respektive können müssen!

Jürg Tobler

Fünf Kolumnen

KENNEN SIE DEN?

«Kennen Sie den?» Die Frage ist der Auftakt zu schier unerschöpflichem sich gegenseitig Überbietenwollen mit Witzen, mit Pointen, Anekdoten, mit angeblich Erlebtem und so fort. Es ist eine bestimmte Art von Zeitgenossen, bei denen gleich nach «guten Tag» der erste Witz vom Stapel läuft. Gelegentlich kann man das sogar irgendwie verstehen. Es ist so vieles in der Welt so ausgesprochen traurig, dass Heiterkeit geradezu als Tarnkappe verwendet werden kann, immer vorausgesetzt, sie sei auch so gemeint.

Die Heiterkeit ist aber eine Angelegenheit des Herzens. Sie hat mit dem Humor viel mehr zu tun als mit den Witzen. Der Witz entsteht im Kopf, erst seine Wirkung fördert die Bereitschaft für Humor. Der Witz an sich kommt ohne diesen aus.

«Humor zu haben, ist die List zu lachen, wenn's zum Weinen ist.» *Wilhelm Busch* hat das gedichtet. Wie recht er hatte! Viele Witze sind nur deswegen zum Lachen weil sie recht eigentlich zum Weinen sind.

Dem Witz soll hier sein Ruhm nicht abgesprochen werden. Im Gegenteil, dort, wo er Anliegen zur Wurzel hat, kann er sehr nützlich sein. Er trifft direkt, umweglos, ohne Rücksicht auf Verluste den Kern.

Dabei spielt es ihm keine Rolle, ob er verletzt, verärgert, niederträchtig ist, ob er wie Karikaturisten schamlos überzeichnet. Auch ob er wahr ist, ist ihm ganz egal. Er will nur Wirkung, will sie ohne Rücksicht, erbarmungslos und unter Blossstellung, wenn's irgend geht.
Die Zote allerdings, die sich gelegentlich, als Witz verkleidet, an unsere niedrigsten Instinkte und Reflexe wendet, hat mit dem Witz nicht viel zu tun. Das macht sie deswegen nicht seltener, im Gegenteil, es ist wohl zu vermuten, dass wesentlich mehr Zoten ihre Runde machen als gute Witze.
«Kleine Geographie des deutschen Witzes», unter diesem Titel ist vor mehr als dreissig Jahren, 1955, in der *Kleinen Vandenhoeckschen Reihe* ein Buch erschienen von *Herbert Schöffler*. Der war auch einmal Ordinarius in Bern, war Philosoph mit Schwergewicht auf Religion und auf Geschichte. Wie sehr religio, Rückbindung also, sich an Volkstümlichkeit orientiert, wie sehr die Eigenart der Menschen eines Landstriches, ihr Denken, ihre Sprache und Empfindsamkeit sich in der religiösen Haltung wiederfinden, hat Schöffler mit der Analyse und mit der Zuordnung von Witzen zu den entsprechenden Landläufigkeiten auf eindrucksvolle Weise aufgezeigt und nachgewiesen.
Die Religion, die Kirche und die Politik haben an ursächlicher Kraft für die Entstehung guter Witze nie etwas eingebüsst. Bis heute nicht.
Kennen Sie den? Irgendwo in den USA. Eine Beisetzung. Die Orgel spielt, die Gemeinde singt, der Pfarrer spricht und alle anderen weinen. Da öffnet sich der Deckel des aufgebahrten Schreins. Der «Verstorbene» erhebt sich. Grosser Schrecken, grosse Aufregung, grosse Freude. Der Pfarrer stürzt auf den bleichen und angstvoll zitternden «Zurückgekehrten» zu und fragt ihn eindringlich: «Did you see God?» «Yes!» «And how was he?» Verzweifelte Antwort: «Oh! She was black!»

VOM NOTVORRAT AN GEISTIGEM

«Vergiss in keinem Falle,
auch dann nicht, wenn vieles misslingt:
Die Gescheiten werden nicht alle!
(So unwahrscheinlich das klingt.)»

Erich Kästner

In einer Fernsehsendung aus der Reihe «Zeugen des Jahrhunderts» war *Margarethe Buber-Neumann* Gast. Was sie bezeugen konnte, war bereits Geschichte. Es kann in ihren beiden Büchern «Als Gefangene bei Hitler und Stalin» und «Von Potsdam nach Moskau, Stationen eines Irrweges» nachgelesen werden. Was aber aus jener Sendung in Erinnerung geblieben ist, weil es mit so viel Eindringlichkeit vorgetragen wurde, glaubwürdig, weil erlebt, ist dies: Die alte Dame bekannte vor der Kamera, dass sie die Qualen des Konzentrationslagers, die lange Zeit mit einem grauenhaften Tod vor Augen, nur hatte überstehen können, weil sie so viele Lieder und Gedichte auswendig konnte. Die hatten ihr und anderen zu Hoffnung, Trost und Mut verholfen, hatten Verzweiflung und Resignation verhindern oder lindern können. Das Beispiel ist so unvergesslich, weil es der aus Bequemlichkeit geborenen «Was nützt's?»-Mentalität im Schulwesen und anderswo Wind aus den Segeln nimmt.

Natürlich nützt es allenthalben. Einmal, weil Auswendiglernen trainiert, wertfrei trainiert, das Hirn nämlich (mundartlich «Hirni»!), sowie die Fähigkeit, auch zu begreifen (lateinisch intellegere!), und zweitens, weil man das Gelernte – so wäre auch den Schülern gegenüber dafür einzutreten – erfolgversprechend lebenslang gebrauchen kann.

Wenn obendrein Beschäftigung mit der Literatur, Auswendiglernen und das Argumentieren mit Hilfe von Zitaten, das sich Umgeben also mit bibliophilen Schutzzöllen, eine beachtenswerte, erkennbare Barriere ist gegen gewisse Anbiederungstechniken auf Biertisch-Ebene, so ist das zweifellos ein zusätzlicher Nutzen, wenngleich bei vielen Biertischlern nicht eben sehr beliebt. Den Vorwurf, arrogant zu sein, kann sich da einer leicht einhandeln. Ob das der Grund ist, dass so viele so wenig aufzusagen wissen? Was einfach nicht begriffen wird, ist, dass auch das Gehirn *trainiert* sein will, und zwar mit gleichem Recht wie Bizeps, Trizeps, wie der Herzmuskel, im Fitness- oder Trimmdich-Sinne.

Es wird bei uns sehr viel von Notvorrat gesprochen, womit stets eine Art von Fleischkäse in Büchsen angesprochen ist und wasserdicht verpackte Munition. Doch Notvorrat an Geistigem, wo wird der angelegt? Was machen wir denn nur, wenn einmal Not eintreten sollte, mit jenem Kopf, der uns laut Kästner so ans Herz gewachsen ist?

Wir haben eine fünfzeilige Chance, die Kästner «Anonymer Grabstein» überschrieben hat, und die wir, wenn wir sie schon nicht hersagen können wollen, doch aber hinterlassen dürfen:

«Obwohl man seine Taten staunend pries, / ist diese Inschrift keine Huldigung, / und wir verschweigen gnädig, wie er hiess. / Denn für das alles, was er unterliess, / gibt's keinerlei Entschuldigung.»

MENU ASTRONOMIQUE
MIT ACHT CLOCHES

«Wer gerne isst, hat es nicht leicht,
weil just das Gute oft nicht reicht!»

Wenn ich die Cloche nur schon von weitem sehe, die «Maulhure Verheissung», auf kostbarer Manufaktur, dann weiss ich schon: nix drunter! Natürlich findet sich da irgendwo ein fleischgewordener Diminutiv nebst einem Gänseblümchen und dem höchst obligaten, tranchierten rosa Pfefferkorn. Aber wo – bitte – ist mein Essen? Das kommt unter der nächsten Cloche? Nein! Denkste! Weit gefehlt! Wer züchtet bloss das stete Zwergenlamm, «agneau embryonnaire» für all die daumengrossen Koteletts? Warum muss denn ein Loup-de-mer, ein einziger, für ein Bankett und eine jugendliche Wachtel für vier erwachs'ne Hungrige berechnet sein?

Gewiss, solch ein «Menu astronomique» besteht aus achtmal Cloche, aus achtmal «ah» und «oh» und «olala», achtmal «Besonders-wertvoll-Prädikat», aus achtmal Augenschmaus für Porzellanmaler, doch wo – um Gottes Willen bleibt mein Essen?

Gewiss, es kocht ein Dutzend Köche oder mehr für 50 Gäste, und etwa acht «Clochards» zieh'n gleichzeitig den Hut, vor sich, dem Chef und den zwölf Köchen. Doch wo, – in Teufels Namen – bleibt mein Essen?

Ich will Euch mal was sagen, Ihr Toques-Hüter und Stern-Deuter. Ihr habt das Bögelchen überspanntlein! Ich hab's kapiert. Ihr spart wirklich am Essen, wirklich und wahrhaftig. Bei mir. Bei Euch doch nicht!

Ihr esst ja ganz anders. Ihr esst wie eh und je: Mohrrüben und Kohlrabi, Rotkraut und Klösse, Pfannkuchen mit Speck, Braten mit Sauce und Kartoffelbrei. Den klatscht Ihr Euch genüsslich auf den Teller, und mit dem Löffel macht Ihr oben eine Delle für den Saucensee. Richtig! So muss das sein!

Das alles will ich nun auch wieder. Ich verlasse meinen Platz im «Salon des Fleurs» und «des Chandelles». Ich esse wieder in der Küche, mit Euch, Ihr Freunde, die Ihr so gut kochen könnt. Und dann, dann fangen meine Bernhardineraugen zu blitzen an, wenn ich dann sehe, wie die Prozession der Cloches an mir vorüberzieht, aufs neu, aufs neu, achtmal pro Tisch da draussen. Ich kann dann gar nicht so schnell kauen, nicht so schnell schlucken, wie ich mich freu'.

Weil ich ja weiss: Höchst kunstvoll dekoriert, Rosenblatt unter Korn von wildem Reis, Maisschötelchen neben Forellenbäckchen links, ein Safranfaden im Püree von einer ganzen Erbse, achtmal «rien en vogue», «en miniature», achtmal.

Erlaubt mir bitte, liebe Freunde, einen heissen Tip: Der Tellerservice, siehe oben, hat ausgedient. Ich kann mich täuschen. Jeder kann sich täuschen. Wir werden sehen! Die Schüssel, die hat Zukunft, glaubt es mir! Mit Deckel! Dampfend! Gross! Und voll!

«Ein Mensch beim Essen ist ein gut Gesicht.» Mit einem Freund hab' ich ein Abkommen für die gemeinsamen Gelage, und das heisst: «Ente ist für einen, Gans ist für zwei. Ach Ulrich!»

EINE AGENTUR FÜR POSITIVE MELDUNGEN

«Only bad news are good news.»
(Journalistischer Grundsatz)

«Warum gründen wir nicht», so fragte ich einen mir befreundeten, prominenten *und* guten Journalisten, «eine Agentur für positive Meldungen?» «Weil positive Meldungen nicht verkäuflich sind», sagte der. «Niemand will sie hören, lesen, sehen; wir wären sehr schnell pleite!» «Ist das so?» «Das ist so!»
Den kleinen Dialog zitiere ich von Zeit zu Zeit und stosse immer wieder auf Erstaunen. «Aber ja», sagen die einen, «von Herzen gern würden wir das Erfreuliche *auch* erfahren! Wie kann Ihr Freund nur daran zweifeln?» «Ihr Freund hat recht», sagen die anderen, «es gibt so wenig Positives auf der Welt, worüber zu berichten wäre.»
Ich melde meine Zweifel an bei diesen und bei jenen. Wenn uns das Positive freute, wie uns das Negative reizt, wir wären besser, als wir sind. Die Einschaltquoten wie die Auflagen tendierten gegen null, und heitern Blicks mit einem Liedchen auf den Lippen beträten wir den neuen Tag.
Dem ist nicht so. Der Tag beginnt mit Mord, Brand, Diebstahl, Geiselnahme, mit Krieg, Ausweisung, Stellenabbau, Drohungen. «Im Libanon zwei Tote» empfängt das Fettgedruckte uns am Frühstückstisch bei frischen Croissants und hausgemachter Konfitüre. Ein «Anschlag in Neapel» und das Foto («Bild: ap») eines israelischen Soldaten vor den Leichen zweier Araber.» Dazu gibt's Milchkaffee. «Kanaken töten Polizisten» (ja, die Kanaken!) und so weiter. Wir sind daran gewöhnt und halten längst nicht mehr beim Kauen inne für ein paar Tote. Wir brauchen das geradezu, denn

bräuchten wir es nicht, wer schaltete sich ein? Wer läse Zeitung?

Das Angebot und die Verführung bewirken stets die Nachfrage. Es ist *nicht* umgekehrt und gilt für *jede* Droge. Darum:

Wir müssen uns anschnallen, wenn wir Auto fahren. Wir könnten Schaden nehmen an Leib und Leben im Unglücksfalle. Die Volksgesundheit ist in Gefahr, und Gesundheit in unserem «Kulturkreis» heisst Arbeitsfähigkeit. Da hat sich der Gesetzgeber (gefälligst!) drum zu kümmern. Wie wäre es, wenn man uns per Gesetz verpflichtete, uns geistig, seelisch anzuschnallen, um hier die Schäden gleichfalls klein zu halten bei derart vielen Unglücksfällen in der Welt?

Ich schlage vor: Die Medien werden per Gesetz verpflichtet, für jede ausgesprochen negative Meldung eine in Form, Inhalt und Umfang gleichwertige, ausgesprochen erfreuliche zu bringen. Die Volksgesundheit, sprich, die Arbeitsfähigkeit erfordert das!

So ein Gesetz hat wenig Chancen, fürchte ich. Es wird beim alten bleiben: beim einträglichen, beim gewohnten Medienalltag mit garantierter Schnellbefriedigung unserer niederen Instinkte und Reflexe. Die Toten sind Geschäft.

«Der Mensch ist gar nicht gut
Drum hau ihn auf den Hut.
Hast du ihn auf den Hut gehaut
Dann wird er vielleicht gut.
Denn für dieses Leben
Ist der Mensch nicht gut genug
Darum haut ihn eben
Ruhig auf den Hut.»

Bertolt Brecht

AUSFLUG INS ELSASS

Die Reise galt dem Kulinarischen. Wenn sie dann mehr bedeutete, lag es am Ziel. Zwanzig gaumenbewusste Mannen aus dem Untertoggenburg hatten sich freitags auf den Weg gemacht, dem Wein entgegen, zur Erholung, was Anstrengung nicht auszuschliessen braucht.

Es *wurde* anstrengend. Drei grosse Essen, zwei Weindegustationen, alles in allem etwa fünfundvierzig Weine, viel Landschaft, viel Natur, viel Menschliches und Eindrucksvolles, viele, sehr viele Rebberge, Museen, Kirchen, Burgen, wunderschöne Dörfer, Kultureindrücke einer nahen fremden Welt jenseits des Rheins: *Elsass*.

Das Elsass ist ein Spielball der Geschichte. Das hat auf die Bewohner abgefärbt. Es ist, man mag das Glas nun drehen wie man will, im elsässischen Wein zu schmecken. *Marcel B.*, Weinbauer, der eine der zwei Weinproben auf meisterliche Art gestaltet hat, sagt so: «Das Elsass hat es gut. Es ist nie besetzt worden, immer nur befreit!» Wenn er den Hintergrund von einem Wein erklärt, den Boden, Rebensorte, Vinification, das Jahr, die Lage, Säure, Öchslegrade und so fort, dann sagt er dies: «Es ist wie mit der Theologie. Man muss sich etwas dabei denken, sonst klappt es nicht.»

Beeindruckend, wie seine leise Heiterkeit, sein grosses Wissen zünden. Keiner der Schweizer Gäste, der sich dem entziehen kann. Da wird etwas begriffen, wenn er sagt, dass die Empfindung, der Geschmack nicht früh genug entwickelt werden können, im Kindesalter schon, und nicht durch industrieerzeugte Zuckerwasser weggebildet werden dürfen. Es gibt in Strassburg eine kleine Schule, so lässt er wissen, «Ecole des Goûts», die Kinder zwischen acht und zehn «geschmacklich vorschult», ihnen ein «Potential Erlebnisfähigkeit» eröffnet, das später Kapital sein kann.

Das und noch vieles mehr haben die zwanzig Mannen sich in *Kientzheim/Elsass* angehört. Viele von ihnen waren angetan, nicht alle gleichermassen. Die Botschaft der Kultur ist denen allzu fremd, für die das monetäre Denken Vorrang hat.

Der Wein, der *nicht* nach seiner Eigenart gekeltert wird, sondern auf den Geschmack der Zeit hin ausgerichtet, hat wenig Chancen, will er sich behaupten. Man muss ihn staatlich hätscheln, Schutzzölle erheben, will man ihn überleben lassen. Das geht mit vielem so!

Das Elsass hat *per aspera ad astra*, durch Nacht zum Tag, den «Wein für Könige», den *Riesling*, zum «König aller Weine» ausgebaut. Dabei hat sich die Säure als Element der Dauerhaftigkeit bewährt. Sie «wegzuschönen», schielend auf den wirtschaftlichen Nutzen, kann keine Zukunft haben, nicht für den Wein und auch für dessen Winzer nicht.

Wahrheit ist Teil der Qualität. Der Wein legt davon Zeugnis ab. So können wir noch heute schmecken, nachempfinden, was wahrhaft gute Weinbauern vor Hunderten von Jahren fertig brachten. Ob Schweizer Weine unserer Zeit noch in Jahrhunderten von Weinkultur und von Wahrhaftigkeit werden berichten können?

DIE SCHÖNEN TAGE VON LUXOR SIND NUN ZU ENDE

Im Berckheimerhof, am 20. Juni 1993

Verehrter, lieber Herr Prager:

Hier kommen nun also endlich die Zeilen, deren Ausbleiben vielleicht ein UPsches Kopfschütteln oder gar Achselzucken bewirkt haben mag.
Dabei hätte es ein Vergnügen sein müssen, Ihnen, verehrter, lieber Freund, sofort nach der Rückkehr aus ÄGYPTEN, wohin Ihre grosszügige Einladung mich geführt hatte, einen flammenden Dankesbrief zu schreiben.
Ach, wissen Sie, ich war und bin dermassen überwältigt von dem Erlebnis dieser Reise, dass ich eigentlich gar nicht wieder richtig hier bin. Die Seele ist noch unterwegs.
Nur ein einziges Mal, so kann ich mich erinnern, ist es mir ähnlich ergangen. Das war, als der junge Kübel auf einer seiner Lateinamerikatourneen als Theaterdirektor und «primer actor» nach MACHU PICCHU kam, der Inkastadt im Hochland von Peru: Tränen der Erschütterung vor soviel versunkener Kraft.
Oberägypten, so habe ich es empfunden, vermittelt geradezu körperlich die Wurzeln unserer Kultur. Auf Schritt und Tritt begleitet den Besucher das Wunder der Erkenntnis. Eine ganz und gar lyrische Erfahrung ist es, mit der sich dieses herrliche Land demjenigen erschliesst, der bereit ist, die Menschen dort – ungeachtet aller ins Auge fallenden Armut, aller hygienischen Bedenklichkeiten und aller verständlichen Traurigkeit – in den Arm zu nehmen.
Es war schon am zweiten Tage, dass ich mir im Bazar von LUXOR drei Kaftane (Galabeyas) machen liess, einen weissen, einen in beige und einen himmelblauen. Dazu der blütenweisse Turban, auf mannigfaltige Art gewickelt, und die Erinnerung an viele hundert Vorstellungen als NATHAN DER WEISE wurde ägyptischer Alltag, ausserhalb des «Verdachtes», Tourist zu sein. Ein Dutzend ägyptischer Wendungen war schnell

erlernt und das reichte hin, um die Menschen dort empfinden zu lassen, wie sehr sie geachtet wurden und gemocht.

Das Hotel ist wahrhaftig wunderbar gelegen und mit grosser Phantasie so sinnvoll konzipiert. Sie, lieber Herr Prager, hatten mir das in all seiner belebten Schönheit ja schon beschrieben, so dass ich die beiden Göttinnen FAUNA und FLORA sowie alle Nilinseln im stillen von Ihnen grüssen konnte.

Wir haben achtzehn Tempel «gemacht», wenn ich richtig mitgezählt habe. Natürlich auch ABU SIMBEL mit vorangegangener Bootsfahrt nach ASSWAN. Vierzehn Gäste auf dem riesigen Schiff, das für dreihundert Platz hat. Da war auch eine Bauchtänzerin, aber von der will ich lieber nicht berichten. Sie musste für ihre erkrankte Enkelin eingesprungen sein. Nur leider hatte sie auch deren Kostüme an. Die waren aber offensichtlich in der Wäsche eingegangen. Und wollte doch gar nicht komisch sein, die «Dame»!

Hei, wie uns Asswan gefallen hat. Da ist noch ein wenig vom «Commonwealth» übriggeblieben, von «British», von WILLIAM SOMERSET MAUGHAM, von Tropenhelm auf braunem, blankgeputzten Stiefelschaft. Und dann die NUBIER: schön, heiter, herzlich und von einer natürlichen Klugheit, wie sie hierzulande ganz unbekannt ist. Unser Preis für die gesellschaftlichen und zivilisatorischen «Errungenschaften», bezahlt aus der Kasse positiver Erbanlagen, ist hoch!

Die Tage selbst sind schnell vergangen, die Eindrücke unauslöschlich geblieben. Wieder einmal wurde hautnah erlebt, was man zum Leben alles nichts braucht. Wieder einmal erwies es sich als erlebbar, wie wenig eine natürliche Heiterkeit und die Abwesenheit jeglicher Bitternis von dem abhängt, was wir Wohlstand nennen.

Derartige Erfahrungen sind nicht neu. Ich habe viel Elend gesehen in den «ranchos» von BUENOS AIRES, in den «favelas» von RIO DE JANEIRO, in mittelamerikanischen «pueblos», in den mexikanischen «bajas» und in Brooklyn, um nur einige überseeische Stationen der Not zu nennen. Das ist alles schon dreissig Jahre her und die Not ist seitdem gewiss nicht kleiner geworden.

Heute müssen wir nicht mehr so weit reisen und nicht nur nach Westen, um uns ein Bild davon zu machen, welchen Weg die Welt jedenfalls nehmen wird, wenn nicht ein rettendes Wunder geschieht.

«Das grösste aller Wunder ist des Menschen Glaube an Wunder», sagt CURT GOETZ, einer der heiteren Denker deutscher Sprache, der wie Sie und ich seinen Platz im Pantheon der Erinnerung zu verteidigen hat gegen den sogenannten «Zeitgeist». Dem Glauben begegnet der Gast in Ägypten allenthalben. Das gibt ihm zu denken. «Inschallah» mit Blick nach oben zeigt ohne Unterlass die Begrenztheit menschlichen Handelns vor. Wenn der Europäer, der Christ, gerührt dem Blick des Muselmannes folgt, dann stellen sich angesichts eines bevorstehenden Jahrhunderts der Religionskriege doch viele Fragen.

MARTIN LUTHER, der geniale Begründer unserer deutschen Hochsprache, hat die Definition des christlichen Glaubens mit seiner Übersetzung des 1. Verses aus dem 11. Kapitel des BRIEFES AN DIE HEBRÄER gültig festgeschrieben:

Es ist (aber) der Glaube eine gewisse
Zuversicht des(sen), das man (er)hofft
und ein Nichtzweifeln an dem, das man
nicht sieht.

Eine «gewisse Zuversicht»! Die deutsche Sprache ist wunderbar. Die Zuversicht, ohne die keiner von uns leben kann, ist hier sowohl in «Gewissheit» Bedingung des Glaubens, als sie es auch zulässt, dass ein «bisserl Zuversicht» für den Glauben schon genügt. Eine «gewisse» Zuversicht, etwas davon, sei es auch noch so wenig. «Eine gewisse Zuversicht dessen, das man erhofft.»

HOFFNUNG

Und dräut der Winter noch so sehr
Mit trotzigen Geberden,
Und streut er Eis und Schnee umher,
Es muss doch Frühling werden.

Blast nur, ihr Stürme, blast mit Macht,
Mir soll darob nicht bangen,
Auf leisen Sohlen über Nacht
Kommt doch der Lenz gegangen.

Drum still! Und wie es frieren mag,
O Herz, gib dich zufrieden,
Es ist ein grosser Maientag
Der ganzen Welt beschieden.

Und wenn Dir oft auch bangt und graut,
Als sei die Höll auf Erden,
Nur unverzagt auf Gott vertraut!
Es muss doch Frühling werden.

Emanuel Geibel

Hoffnungen sind die grosse Antriebsfeder unsres Lebens. Das «Prinzip Hoffnung» (von ERNST BLOCH zum Leitmotiv seines philosophischen Werkes erhoben) ist die starke Kraft, die uns vorantreibt. Diese Kraft bedingt den Glauben und umgekehrt. Hoffnung bewirkt Freude, wenn sie sich erfüllt. Ob sie das tut, ist aber vor dem Lebensende nicht auszumachen. Stets steht der Zweifel im Wege, eben jener Zweifel «an dem, das man nicht sieht». Und dieser Zweifel ist es, dieser grosse Feind aller Hoffnung, den die Bibel durch den Glauben wegbedingt und so der *Verz*weiflung keine Chance gibt. Wer glauben kann, muss nicht zweifeln und schon gar nicht *ver*zweifeln. Wer nicht zweifelt, hofft. Wer hofft, lebt.

Wer aber Hoffnung predigt, ohne Rücksicht auf Verluste, selbst den des eigenen Lebens, indem er sich gegen Falschheit erhebt, der ist ein Protestant, ist ein Rebell, wenn nicht sogar ein Revolutionär. Die Welt braucht Protestanten, braucht Rebellen, braucht Revolutionäre, brauchte sie immer.

Sie sind das Regulativ zwischen obrigkeitlicher Willkür und zwischenmenschlichem Wohlbefinden. Darüber ist zu allen Zeiten nachgedacht und viel geschrieben worden. Die literarischen Denkmäler ungezählter Protestanten, Rebellen und Revolutionäre füllen die Bücherschränke. Von beispielhaften Anpassern ist Ähnliches nicht zu berichten.

ERICH KÄSTNER, einer der grossen Denker und Dichter, der es auf so unvergleichlich meisterhafte Weise verstand, die Zeichen der Zeit zu lesen und ihnen mit seinen Kassandrarufen zu begegnen, die – ihrer Bestimmung gemäss – so wenig gehört werden, Erich Kästner hat einem der grossen Rebellen ein Gedicht gewidmet, das heute noch härter anmutet, noch trefflicher als bei seiner Entstehung vor einem halben Jahrhundert:

DEM REVOLUTIONÄR JESUS ZUM GEBURTSTAG

Zweitausend Jahre sind es fast,
seit du die Welt verlassen hast,
du Opferlamm des Lebens!
Du gabst den Armen ihren Gott.
Du littest durch der Reichen Spott.
Du tatest es vergebens!

Du sahst Gewalt und Polizei.
Du wolltest alle Menschen frei
und Frieden auf der Erde.
Du wusstest, wie das Elend tut
und wolltest alle Menschen gut,
damit es schöner werde!

Du warst ein Revolutionär
und machtest dir das Leben schwer
mit Schiebern und Gelehrten.
Du hast die Freiheit stets beschützt
und doch den Menschen nichts genützt.
Du kamst an die Verkehrten!

Du kämpftest tapfer gegen sie
und gegen Staat und Industrie
und die gesamte Meute.
Bis man an Dir, weil nichts verfing,
Justizmord, kurzerhand, beging.
Es war genau wie heute.

Die Menschen wurden nicht gescheit.
Am wenigsten die Christenheit,

trotz allem Händefalten.
Du hattest sie vergeblich lieb.
Du starbst umsonst. Und alles blieb
beim alten.

Das Haus meines Freundes ROGER MÜHL und seiner fabelhaften Frau LINE in MOUGINS bei CANNES ist ganz und gar ein Ort für gute Gedanken und gute Empfindungen. Es ist eben das Haus von Freunden.
Wahrheit, Zuversicht, Hoffnung und Freude tragen die Freundschaft und tragen den Humor als deren liebstes Kind. Jungen Menschen Freundschaft, Freundschaft*en* zu wünschen, ist unsere Pflicht. Wir müssen warnen, dass Jugend keineswegs so unvergänglich ist, wie man es ihnen vorgaukelt, dass ihre Stärke vielmehr gerade in ihrer Vergänglichkeit liegt. Weshalb sie genutzt, genossen, *er*lebt werden soll! RAINER MARIA RILKE sagt:

«Die Jugend haben –, oder Jugend geben –
gleichviel wozu man sich entschliesst:
denn ewig unverlierbar ist das Leben,
wo es aus reinen Kräften sich ergiesst.»

Ein Dichter spürt in jeder Zeit, was es neben dem Wirtschaftsdenken und Gewinnstreben, neben der Politik nach innen und von aussen, neben den Strassen zum Erfolg, die einem Schulweg folgen und der Erinnerung an Molche, Lurche, Kröten, Vögel, Gräser, Farne, Bäume und Alraunen, was es *daneben* zu besingen gilt, um es vor dem Verlorengehen zu bewahren.
Literatur und Lyrik haben mich ein Leben lang begleitet. Man braucht sich ihrer nicht zu schämen. Wenn die Beschäftigung mit der Literatur, wenn Auswendiglernen und das Argumentieren mit Hilfe von Zitaten, wenn das Sichumgeben also mit bibliophilen Schutzzöllen, eine beachtenswert erkennbare Barriere bildet gegen Anbiederungsversuche auf der Biertisch-Ebene, so ist das zweifellos ein zusätzlicher Nutzen, wenngleich bei vielen Biertischlern nicht eben sehr beliebt.
Ach, lieber Freund, ich dachte dort in Luxor doch sehr daran, gar nicht mehr heimzufahren. «Heim» ist ja schwer zu finden heute, wo die Mobilität als angebli-

che Errungenschaft die Menschen auf der Suche nach Werten, nach Inhalten in die Ferne baggert. «Ubi bene ibi patria» haben wir in der Schule einmal gelernt. Das war eine Schule, deren humanistisches Anliegen nicht in Frage stand. Heute sind die Begriffe «Vaterland» und «Muttersprache» schon längst nicht mehr klar definiert, geschweige denn justiziabel. Aber so ein einfaches Leben in Sonne und Gedanken, das wäre ein wünschbarer «Ausklang».
Wir sind im Senat. Die Jungen sind an der Front. Sie sind nicht schlechter als wir. Sie sind auch nicht besser. Sie sind nur anders. Gott sei Dank! Aber sie haben es schwerer, als wir es hatten. Daran ist nicht zu zweifeln. Wir mussten nichts anderes tun, als die Ärmel hochzukrempeln und draufloszuarbeiten. Damit stellten sich Wohlstand und Anerkennung von selbst ein.
Das ist heute wahrhaftig nicht mehr so. Heute sind Haltungen weit weniger nützlich als das, was die Franzosen «corriger la fortune» nennen, jene permanente Bereitschaft, die Wahrheit zu Gunsten dessen auf die «Ersatzbank» zu schicken, was für opportun gehalten wird und was Treffer erzielt.
Gerade hier aber könnte unser Rat von Nutzen sein, könnte die «Weisheit des Alters», wenn es sie denn wirklich gibt, sich verdient machen. Und weil ich das so sehe, will ich hier in RIQUEWIHR weitermachen und versuchen, dem Satz nachzuleben, den ich als BERT BRECHTS «Galileo Galilei» so gern und so oft von der Bühne herab gesprochen habe:

«Was ich weiss, muss ich weitersagen!
Wie ein Liebender, wie ein Betrunkener,
wie ein Verräter! Es ist ganz und gar
ein Laster und führt ins Unglück. Wie
lange werde ich es in den Ofen hineinschreien können? Das ist die Frage.»

Ich werde hier im kommenden Jahr noch einmal etwas anfangen. Es wird mit BALIK® & BIER zu tun haben, mit Erlebnisgastronomie, Theater, mit «Lehren», also mit Kultur. Darüber berichte ich Ihnen dann mündlich mehr.

Und all das hat so gar nichts mit Ägypten zu tun! Oder doch? Es hat mit Ihnen zu tun und mit Gedanken zur «Höhenpsychologie», zu jener Haltung also, die uns nicht die Schatten der Vergangenheit sondern die «heiteren Fernen» von morgen aufzeigt. Optimist kann man nicht sein in dieser Welt, denke ich. Optimismus verträgt sich nicht mehr gut mit Intelligenz. Aber Humor darf sein, und der ist ja von WILHELM BUSCH definiert als «die *List* zu lachen, wenn's zum Weinen ist».

Darf ich hoffen, von Ihnen ein Signal zu erhalten, wann ich meinen roten Teppich aus der Reinigung holen soll, um ihn für UP auszurollen? Ich füge alle «Koordinaten» diesem Brief noch einmal bei, auch zur Unterstützung schneller Entschlüsse, denn das Wetter sollte mitspielen. Aber im Elsass herrscht Mikroklima. Mehr Sonnentage (statistische!) als im Tessin, man stelle sich das vor!

Der gedankliche Ausflug mit Start in Luxor ist doch lang geworden. Möge er nicht langweilen! Sie sind ein Mann, dem man sich mitteilen möchte und auf dessen Reaktionen man gespannt ist. Erfahrungen nähren ja lebenslang die Instinkte, und so ist es schierer Eigennutz, wenn ich mir wünsche, am Renaissancekamin beachtlicher Dimension gesprächsweise der Ihren teilhaftig zu werden.

Mit guten Grüssen bin ich in freundschaftlich empfundener Verbundenheit stets Ihr

Hans Gerd Kübel

FAXEREIEN

F̲r̲ü̲h̲l̲i̲n̲g̲

Ach, dieser Frühling gibt zu tun
den Bauern und den Herzen.
Vorbei der Wunsch, sich auszuruhn,
herbei die Lust am Scherzen.

Betrügt er nur? Gibt es nur vor,
er bringe neues Leben?
Bläst er dir nur den Föhn ins Ohr
und schweigt von Sturm und Beben?

Wir wollen diesen heitern Clown
noch einmal leben lassen
und ihm in kindlichem Vertraun
ersparen, ihn zu hassen.

Jugend verspricht. Frühling ist jung.
Das Alter hat zu glauben
und lebt von der Entschuldigung
des Fuchses mit den Trauben.

Der Glaube ist des Wunders Kind.
Und Wunder werden selten.
Wenn sie ganz ausgeblieben sind,
wird auch kein Frühling gelten.

Johannes Deutsch

Eine etwas ausufernde Replik auf Gerds unerwartetes Gedicht

«F̲r̲ü̲h̲l̲i̲n̲g̲»

«Johannes Deutsch», ein weiser Mann,
doch mit dem Hang zur Trauer:
Denn schaust du seine Verse an,
spürst du die Wehmutsschauer.

Auch Heiterkeit, Melancholie
liest du aus seinen Zeilen
voll Freundschaft und voll Sympathie
(und die zu gleichen Teilen).

Es ist ein Hauch von Kästners Charme
in seinen Antithesen:
Der Frühling ist für reich und arm
noch immer gleich gewesen.

Doch geht's wohl nicht um arm und reich.
Um Jugend geht's und Alter.
Hier niemand sagt, dass beide gleich. –
Wir sind jetzt Sachverwalter.

«Johannes», ein recht reifer Mann,
wenn auch mit Hang zum Grübeln
fängt einen «neuen Frühling» an.
Wer will es ihm verübeln?

Er schüttelt ab den schweren Traum,
hat wieder Lust zum Scherzen.
Begrünt hat sich Fontanes «Baum»,
will wohltun seinem Herzen.

So war's gemeint, ganz positiv
voll Heiterkeit für Tage,
die er in Riquewihr nicht verschlief –
aus Freude? – Keine Frage!

Ja, «dieser Frühling gibt zu tun»
Freund Gerd und seinem Herzen.
Hat zwar den Wunsch, sich auszuruhn,
Doch auch noch Lust zu scherzen.

Nun sind es gut zwei Wochen noch,
dass wir uns wiedersehen.
Zwar gähnt die Zeit noch wie ein Loch,
doch wird sie schnell vergehen.

«Der Glaube ist des Wunders Kind».
Der Wunder gibt es viele!

Das Schicksal ist zwar manchmal blind,
Doch immer führt's zum Ziele.

Bald läuten wir den Frühling ein
mit Pauken und Trompeten
mit Vogelsang für gross und klein,
mit Riesling und Pasteten,

Mit Lachen, Plaudern, Heiterkeit,
und auch mit «Doktor Raucher»,
Denn es wird wirklich höchste Zeit,
weil: uns und Frühling brauch' er!

O, Gerd, o Freund! – Versteckt sich gern
wohl hinter dem «Johannes»,
trotz Trauerschale bleibt der Kern
ganz Heiterkeit. Er kann es

uns nicht verhehlen, dass er gern
sein Leben möcht geniessen.
Und um so heller strahlt sein Stern,
Wenn nichts ihn kann verdriessen.

«So schüttle ab den schweren Traum»,
und schau dem Tag entgegen,
wann alle Sorgen wie ein Schaum
von Dir sich fortbewegen.

«Johannes Deutsch», ein junger Mann
vom Jahrgang vierunddreissig,
mit dir sich nicht vergleichen kann.
Bin älter viel, das weiss ich!

Die Reife macht uns wieder gleich,
das ist wohl keine Frage.
Ich hoffe, dass ich Dich erreich
auf uns're alten Tage.

Geniessen wir das «blaue Band»
im Elsass und den warmen,
so angenehmen Wind im Land.
                                Peter Haarmann

BALIK –
BESESSEN VON EINER IDEE

Eine Tour d'horizon von und mit Martin Klöti

Dies ist eine erstaunliche Geschichte. Sie handelt von Ideen und deren Verwirklichung, von Träumen und Realität, vom kompromisslosen Umsetzen des Erdachten in die Tat, ohne Angst vor den Folgen – von einem Abenteuer also!

Zwei Jahre nach der Begegnung von Hans Gerd Kübel und Martin Klöti an jenem Maimorgen, im Schatten einer monumentalen Linde, wurden die Pläne, erträumt und geschmiedet auf morgendlichen Spaziergängen mit den Hunden, in die Tat umgesetzt. Vom dicht besiedelten Ufer des Zürichsees zog man bergwärts ins Toggenburg, in den gemeinsam erworbenen Bauernhof «Im Moos».

Dass das bäuerliche Anwesen vorher während zehn Jahren unbewohnt geblieben war, dass kein Strom, kein Wasser und kaum eine intakte Fensterscheibe zu finden waren, erfahren heute die Besucher beim Empfang am plätschernden Hofbrunnen; und während ich dies aus der Erinnerung niederschreibe, fühle ich mich selbst wie ein Besucher, der nun seinen Rundgang im «Moos» antritt.

In den Anfängen also ging Kübel, der schwergewichtige, bärtige Schauspieler, stets erfolgreich seiner Verpflichtung durch Harry Buckwitz am Zürcher Schauspielhaus und als Dozent an der Schauspielakademie nach, während der junge Lehrer Klöti an der Dorfschule zu unterrichten begann. Daneben aber wartete die alltägliche bäuerliche Arbeit. So begann des einen Tag frühmorgens um fünf Uhr in den Ställen beim Füttern des Viehs, und dann erwartete ihn die Kinderschar im Schulhof, während des Künstlers Arbeit nach Proben, Unterrichten und schliesslich dem Schlussvorhang der Abendvorstellung in Zürich endete, gefolgt von der Rückfahrt ins «Moos» – sie dauerte eine Zigarrenlänge im roten Range Rover.

Die Erfüllung der erträumten Ideen verlieh Lebenskraft, erfährt der Zuhörer und sieht zum umgackerten Hühnerhaus hinüber, mit Blick gegen Westen auf die Anhöhen des Zürcher Oberlandes, fern von aller Hektik. Nebst frischem Trinkwasser aus eigenen Quellen, abgesprengtem Kies für die Strassen, Holz aus den eigenen Wäldern zum Heizen und Bauen gab es fürs leibliche Wohl Gemüse, Beeren, anderes Obst, sauren Most, selbstgebrannten Schnaps, Fleisch, Eier, Konfitüre – was das Herz begehrt.

Doch die extensive Bewirtschaftung mit Zucht von Angus-Beef und Weidelämmern, mit Handel von Freilandeiern und Bergheu brachte nicht den erwarteten Ertrag. So wurden – der Not gehorchend, nicht dem eigenen Triebe – neue Ideen diskutiert.

Die Abnehmer der Produkte des Landwirtschaftlichen Betriebes «Im Moos» waren da, ein Kundenpotential war vorhanden. Es galt also, einen Teil des kleinen Unternehmens zu intensivieren. Bevor wir aber mehr darüber erfahren, führt der Rundgang zurück ans Bauernhaus, an die kunstvoll geschmiedete Haustüre.

Es senkt sich die Türklinke – ER erscheint, wahrlich ein Ereignis! So stellt man sich einen Bergbauern vor – wie der «Alp-Öhi» im Heidifilm und, so erfahren wir später, je grösser die Besuchergruppe, desto später erscheint der wählerische Denker. Mit einer Bewegung der Herzlichkeit führt er die Gäste an den gehobelten Tisch vor der prunkvoll restaurierten Holzfassade, lädt ein zu einem Glas selbst gekeltertem «Most».

Wir ahnen es schon, die Fortsetzung der Geschichte muss kulinarisch werden, denn, wer mit so viel Sinn und Stolz einen Becher Most füllt, kann kein Mann der trockenen Materie sein.

Und so ging es also zu, erfahren wir: Ein Helfer im Betrieb brachte die «Moosbauern» auf den Gedanken, Forellen zu räuchern, denn jener Mann hielt die edlen Fische in Teichen am nahen Dorfbach. Es klang verlockend einfach, doch die Perfektionisten wollten es genauer wissen. Eine Reise in den hohen Norden führte sie in verschiedene grosse Forellenräuchereien. Allerdings blieben die Türen zu den Produktionsräumen geflissentlich verschlossen. Das war Wasser auf die Mühle der «Forscher», und so ging die Reise unnachgiebig drängend weiter, bis man endlich eine Fertigungsstätte fand, die den Eintritt für staunende Augen und offene Ohren freigab. Nein, nicht bloss Forellen wurden da geräuchert, Aale und Lachse lagen in Mengen herum! Dieser Anblick hatte folgen: «Weisst Du was, Forellen sind so klein, Lachse sooo gross!», bedeutete Kübel nach Verlassen des Betriebes mit leuchtender Miene und eindeutiger Geste. «Wir verstehen nichts vom Forellenräuchern und nichts vom Lachsräuchern, müssen es so oder so lernen – warum lernen wir nicht gleich Lachse?»

Der Mostbecher wird aufmerksam nachgefüllt, und so erfährt der Zuhörer von der Begegnung Kübels mit dem alten Russen in Berlin. Während eines Gastspiels als «Nathan der Weise» an der Freien Volksbühne, unter Kurt Hübner, schaute sich Kübel nach Geräten und nützlichen Utensilien zum Räuchern von Lachsen um. Der Hinweis eines Herstellers von Räucheröfen führte in die Wohnung des Israel Kaplan, gebürtig in Riga, Lettland. Sohn des «Lachskönigs» mit eigener Fangflotte in der Ostsee, der sich rühmte, den Zarenhof beliefert zu haben.

Die drei Wünsche des alten Russen

Der Menschenkenner Kübel war sich der Wichtigkeit des Besuches wohl bewusst, liess Kaplan erzählen, bis dessen Herz drei Wünsche offenbarte. Erstens wollte Kaplan einmal im Leben einen Ofen bauen, der all seine Erfahrungen vereinigte, nur fehlten die Mittel dazu. Zweitens war es sein Wunsch, das Wissen um die Materie – und damit das streng gehütete Geheimnis der überlieferten russischen Räuchermethode – weiterzugeben, aber das Interesse der Nachfahren fehlte. Und drittens träumte er von einer Reise in die vielgelobte Schweiz.

– Pause. – Eine unfassbare Begegnung! Fügung des Schicksals? Glück des Tüchtigen? Wie auch immer, die Einladung in die Schweiz folgte ohne Zögern.

Den inneren Auftrag zum Credo erhoben, beurlaubte sich Kübel von der Schauspielerei, baute mit Handwerkern der Region die Tenne des Bauernhofes nach zittrig gezeichneten Plänen des «Know-how-Gebers» um und richtete alles für den Besuch des grossen Lehrmeisters her, auf dass mit der praktischen Räucherarbeit begonnen werden konnte.

Der erste Rauch steigt auf

Einige Monate nach seinem abwechslungsreichen und glücklichen Aufenthalt in der Schweiz reiste Kaplan zusammen mit seiner Frau wieder zurück nach Berlin. Kübel & Klöti hingegen schickten sich an, die ersten Rauchlachsportionen an eine Handvoll Freunde und Bekannte als Degustationsmuster zu versenden. Jedes Päckchen war begleitet von einem Brief Kübels, dem in den folgenden Jahren noch über 50 «Briefe an die Lachsfreunde» folgen sollten. Die Sache hatte eingeschlagen wie der Blitz eines Sommergewitters. Eine nie gekannte Qualität entzückte die Feinschmecker, Kunden der ersten Stunde. Das «Kind» bekam natürlich einen einprägsamen Namen, damit jedermann klar werden sollte: mit blossem Räucherlachs hat BALIK nichts zu tun.
Der Grafiker entwarf Bestellkarten und zeichnete Signets nach den handgestrickten Ideen der «Erfinder», und es wurde immer deutlicher: nicht ein Produkt wird hier verkauft, eine Philosophie wird angeboten!
Nun galt es, das Geheimnis des Räucherns genau zu befolgen – und zu hüten! Hinter dem verschlossenen Portal wird salmo salar mild gesalzen, über dem Holzfeuer in der Bergluft milde geräuchert und kommt, ausser mit dem eigenen Quellwasser, mit sonst nichts in Berührung. Nicht wie bis dato wird er «König der Fische» in erster Linie zur Konservierung geräuchert, bei BALIK geht es tatsächlich einzig um dessen Veredelung im wahrsten Sinne des Wortes. Offenbart sich dem empfindsamen Gaumen ein sol-

cher Genuss, wird auch augenblicklich klar, warum auf scharfe Zutaten wie Zitrone, Zwiebeln, Kapern und Meerrettich verzichtet werden sollte. Ganz zu schweigen von dem langweilig schmeckenden Toastbrot. Statt dessen wurde mit dem Dorfbäcker ein Sauerteigbrot aus feinem Roggenmehl entwickelt, welches den erwünschten geschmacklichen Kontrast zum feinen Lachses bietet: das BALIK-Brot.
Die geräucherte BALIK SEITE PARIERT hat weder Gräten noch eine Räucherhaut, sie kann also mühelos vor den staunenden Augen der Gäste aufgeschnitten werden.

«Das Original ist eben immer ein Markenartikel»

Ein solcher Erfolg schreckte allerdings auch Konkurrenten auf. Innerhalb weniger Jahre wurde durch BALIK der Lachsmarkt revolutioniert, und manch einer schwamm jetzt auf der «Balik-Welle» oder sprang mit frechen Kopien auf das Trittbrett der Erfolgszuges. Taten dieser Art fordern heraus.
Man beriet sich dem alten Lachsmeister, setzte sich mit Kennern des Fachs zusammen und erweckte schliesslich eine fast vergessene Tradition des Zarenhofes aus dem Dornröschenschlaf. So entstand das BALIK FILET ZAR NIKOLAJ, und es brach alle Rekorde!
Der teuerste Rauchlachs der Welt, das behutsam geräucherte Rückenfilet ohne Silberhaut, zentimeterdick aufgeschnitten, stellte mit einem Schlag alles in den Schatten, was sich auf dem Markt tummelte. Serviert wird das zarte Stück Fisch mit kleinen, runden Kartöffelchen und etwas Crème blanche. Das BALIK FILET ZAR NIKOLAJ fliegt schon längst «first class» bei der SWISSAIR und gilt dort als grosser Catering-Erfolg.
Die Eigendynamik von BALIK bestimmte fortan das Leben auf dem Bauernhof. Klöti hatte nach zehnjähriger Dienstzeit sein Lehramt im Dorf beendet und arbeitete ab 1986 ganz und gar für den Betrieb, während Hans Gerd Kübels Theateraktivitäten seltener wurden. Glanzlichter setzte er in den vergangenen Jahren als «Galileo Galilei» an den Freilichtspielen in Schwäbisch Hall oder auf einer grossen Tournee durch Deutschland unter Harry Buckwitz, als «Nathan» in

Dortmund und Berlin, als Übersetzer und Festspielleiter des «Grossen Welttheaters» in Einsiedeln und schliesslich als Intendant und Regisseur an den Festspielen in Bad Hersfeld mit einer viel beachteten Inszenierung von Schillers «Don Carlos».

Die Zukunft bestimmt Balik selbst

Glutrot steht die Sonne über dem fernen Horizont der bewaldeten Voralpen. Fast wehmütig klingen die Erinnerungen an die Pionierzeit der 80erJahre.
Die ursprünglichen Strukturen des Betriebes haben sich für die 90er Jahre verändert, den Gegebenheiten der Entwicklung angepasst. Klöti übernahm die Geschäftsführung des CAVIAR HOUSE an der Zürcher Uraniastrasse. Kurz darauf wurde der Vertrieb von BALIK an den Fachhandel von Ebersol nach Zürich verlegt. Hans Gerd Kübel ging mit CAVIAR HOUSE ein partnerschaftliches «joint venture» ein, welches die Fähigkeiten der beiden Firmen vorteilhaft vereinte.
BALIK ist erwachsen geworden, benimmt sich weltmännisch gewandt auf dem Parkett der Kenner guten Essens, ist nicht mehr wegzudenken.
Der Rundgang im «Moos» geht dem Ende zu. «Hat der Most geschmeckt?» Ja, nicht bloss der Most! Die ganze Geschichte war ein üppiges Gericht! Sie bereichert, fasziniert! Und sie macht Mut!
Persönliche Wünsche haben nun in der geteilten Verantwortung – Kübel als Produzent von BALIK und steter «Hoflieferant» seiner unzähligen Privatkunden und CAVIAR HOUSE als Vertriebsorganisation – plötzlich wieder eine Chance. Den rastlosen Denker zieht es wieder mehr und mehr zur Literatur hin, zur Musik, zur Malerei, den unternehmungslustigen Klöti hingegen zurück an den See, nach Rapperswil, zum Studium der Landschaftsarchitektur. Beide aber werden weiter Zeichen setzen! BALIK aber bleibt nach wie vor Garant für kulinarische Qualität am Gourmethimmel.

LACHS-BRIEF I

Im Moos, November 1978

Liebe Freunde

Wir essen beide so besonders gern geräucherten Lachs. (Feine Leute sagen selbstverständlich «saumon fumé.)
Aber wir hatten fast immer Pech. Was wir so an Lachs bekamen, im Laden oder im Restaurant, war entweder trocken (trockener Lachs ist schlechter Lachs!) oder versalzen oder nicht frisch oder in geräuchertem Zustand eingefroren und erst zum Verkauf wieder aufgetaut, oder gar mit chemischen Rauchgewürz aromatisiert, kurzum traurig.
Das ging lange so, bis wir uns sagten: «Was soll's, adieu tristesse, wir räuchern selbst».
Martin hielt sich seine Sommerferien frei und ich gleich das ganze Jahr. Wir suchten und fanden den wohl besten Lachsspezialisten in Europa und einen der letzten ganz Grossen auf dem Gebiet des Räucherns, comme il faut.
Herr ISRAEL KAPLAN stammt aus Riga, wo schon seine Vorfahren Lachse räucherten, die damals noch – man höre und staune – aus dem Rhein kamen. Von Herrn Kaplan liessen wir uns ausbilden.
Dann bauten wir hier auf unserem Hof einen Räucherofen, altmodisch wie wir sind einen Holzofen natürlich, und der ist uns nun einfach zu gross geraten.
Soviel erstklassigen ofenfrischen delikaten zarten Rauchlachs (er muss auf der Zunge zergehen und das tut er auch) wie unser Ofen schafft, schaffen unsere Mägen nicht.
Wir können also abgeben.
An Freunde (auch an Feinde, sie werden nach dem ersten Bissen ohnehin zu Freunden), an Bekannte, Verwandte, kurz an alle, die «saumon fumé» genauso lieben wie wir.
Wir sind stolz auf unser neues Produkt und sagen:

Mit der gleichen pedantischen Genauigkeit, mit der wir unseren Betrieb aufgebaut haben und unsere Tiere betreuen, behandeln wir unseren Lachs.
Ausgesucht hervorragende Rohware aus Grönland, von der Ostsee, von Norwegen, aus Kanada wird von uns sorgfältigst zu dem verarbeitet, was (uns) schmeckt.
Wie das im einzelnen geschieht ist Betriebsgeheimnis und das hüten wir so eifersüchtig, wie die Amerikaner ihr Fort Knox.
Aber es interessiert ja auch eigentlich nur das Endergebnis.
Damit unsere Freunde sich von der Qualität unserer Delikatesse überzeugen können, liegen diesen Zeilen hundertfünfzig Gramm Lachs als Kostprobe bei.
Wir sind gespannt, was Sie sagen werden.

Herzliche und ländliche Feinschmeckergrüsse
von
Hans Gerd Kübel und Martin Klöti

LACHS-BRIEF II

Baden, im Aargau, am 10. Dezember 1986

Liebe Lachs-Freunde

Martin ermahnt mich streng, den weihnächtlichen Brief an Sie zu schreiben; der sei beim Jahresausklang nun schon Tradition. Wie recht er hat!
Es ist eine gute Zeit für Briefe im Advent. Einerseits hören wir doch nie auf, Kinder zu sein, uns auf etwas zu freuen, von dem wir ohne Ahnung über was und wie nur wissen, dass es schön sein wird, ungewöhnlich, heiter und besinnlich.
Andererseits haben wir unsere Narben auf der Seele, gingen im Laufe der Zeit und auch des letzten Jahres

mancher Unbefangenheit verlustig, manchen Sinnes für den Zauber früherer Tage, mancher Kraft zur Freude.

Und doch: Weihnachten vor der Tür, den Herbst um sich und in sich, das neue Jahr am Horizont, Gewissheit eines nächsten Frühlings im Herzen, Advent ist eine schöne Zeit geblieben. War sie für uns Kinder vor allem heiter und die Besinnlichkeit ein Teil der Pflicht, so hat sie für uns «Grosse» doch trotz allem viel an Heiterkeit bewahrt.

Martin kennt natürlich nach fast dreizehn Jahren Gemeinsamkeit die Kübelschen Sentimentalitäten. Er belächelt sie. Das steht ihm zu, dem jungen, sonnigen Dynamiker, dem höflich distanzierten Eidgenossen, dem unser schweres Frankenblut so fremd ist, wie es ihn erstaunt und amüsiert.

Natürlich spüren er und ich, was unsre Völker tief im Innern trennt und was die Bürger voreinander «fremdeln» lässt. Wer hier wie dort um eines guten Eindrucks willen, so recht also aus Opportunität, nicht scheinen will und kann, was er nicht ist, der hat es schwer. Das hat man mir in Mogelsberg sehr deutlich zu verstehn gegeben dieses Jahr und das sind selbstverständlich *auch* Gedanken zum Advent.

Es ist von Martin fein empfunden und überdies auch sehr gescheit, dass er gerade jetzt sich ein Geschenk für mich hat ausgedacht, das eben dort die Wurzeln nährt und neue Wachsen lässt, wo andere sie abzuschlagen trachten.

In unserer Untertoggenburger Nachbarschaft lebt WALTER DICK, lebt, schafft und wirkt, mit dem wir uns befreundet haben, weil sozusagen kongruente Leidenschaften sein Haus und unseres bewohnen. Walter Dick hat – angeregt durch Martin – einen Kupferstich von unserm MOOS geschaffen, der all den Zauber einfängt, die Besonderheit, die uns seit Jahren hier gefangen haben.

Ein weiter Blick nach Westen übers Dach vom MOOS, ins Tal zunächst und dann bis an den fernen Horizont des Zürcher Oberlands; die voralpinen Hügel halten fest, was Räucherholz und Bergwasser versprechen, wozu die Buche ihren Schatten gibt und manche Henne aus dem kleinen Hühnerhaus heraus den Kommentar.

Kurtheater Baden, am 10. Dezember 1986

Garderobe Nummer eins, noch eineinhalb Stunden bis zur Vorstellung LEBEN DES GALILEI von Bert Brecht, der zweiundsiebzigsten von acht mal zehn, auf der Tournee, die, im September angefangen, nun in den nächsten Tagen enden wird.
Theater, Rolle, «musische Verantwortung», wenn es so etwas gibt, Gedanken übers deutsche Sprech-Theater unsrer Tage, Fragen nach der Notwendigkeit von Brecht, Sorgen über den Niedergang des handwerklichen Könnens im Metier und nicht nur dort, die Subvention, die Abendkasse, der Applaus, das Publikum, der Schüler Bildung und der Alten Vorurteile, vermischt mit dem Geruch von Schläfenweiss und Jugendrot aus beinah aufgebrauchten Töpfen – «das Denken als Vergnügen» (siehe Brecht!).
Und dahinein platzt Martin vor ein paar Minuten. Er kommt mit einem grossen Blumenstrauss und eben diesem Kupferstich vom Moos, gesehen, umgesetzt von Walter Dick. Das Bild ist ein Geschenk von dem, der's bringt und der – das kennt man schon an ihm – nach höchstens fünf Minuten wieder weggeschnellt, ein Spielball ist der eignen «Dienstauffassung».
Nun sitz ich da und alles mischt sich in Gedanken, der Brecht, die Pflicht zum Brief, das MOOS, die Schweiz, das Bürger-werden-wollen und nicht sein, Zitate, Lachse, BALIK und so fort.
Ich muss geseufzt haben unter dem Druck von dem was war, was ist und dem, was wir uns wünschen. «Wir» sind wir alle, Sie und Ihr und Du. Ich muss geseufzt haben, denn MANIA sieht mich an, erstaunt. Dabei hält sie den Kopf ganz schräg und ihre schönen kohlpechrabenschwarzen Augen sind kaum zu sehen unterm dunklen Brauenbusch. Sie riecht ein bisschen streng, wie das so junge Damen dieses Genres an sich haben, wenn sie mit einem Fuss im Mist und mit drei andern in der Pfütze stehn.

Mania, der neue Hund, ein Riesenschnauzer, ein halbes Jahr erst alt, ist seit Beginn dabei auf der Tournee. So viel Charme und Zuneigung ist mir schon lange nicht mehr vorgekommen. Verspielt, wie es die jungen Lebewesen an sich haben, ganz lernbegierig, äusserst aufmerksam und jederzeit zu Unsinn aufgelegt.

Ja, Mania, kleiner Hund, da sitzen wir nun hier und warten auf den Brecht, wenn schon nicht auf Godot, vor uns ein Bild vom Moos, das Deine neue Heimat werden wird, so wie es Martins ist und CANJAS war und AXAS ist und meine.

Was Du nicht wissen kannst, mein Hund, ist, dass ein Bogen sich zurückstreckt von Dir zu den drei andern Hunden, mit denen das begann, was Du nun auf dem Kupferstich hier siehst. Im Frühling 74 waren die und ihre beiden «Herrchen» aufeinander zugelaufen. Wie man sich halt so kennenlernt. Man sieht sich und man prüft, ob man sich riechen kann.

DUCKI war Martins Hund, ein Cockerspaniel. Er traf sich dann an jedem Vormittag mit seinen beiden neuen Boxer-Damen, die grade erst drei Monate alt waren, so alt wie Du, Mania, mein Hund, als wir uns kennen lernten. Ducki ist längst im Hundehimmel, Canja auch. Sie spielen da und warten auf die Axa. Denn die ist noch im Moos und schläft und schläft. Sie ruht sich aus von ihrer schönen Zeit mit uns, damit sie dann, und das wird bald mal sein, mit Canja und mit Ducki auf Wolkenbänken wieder toben kann, wie sie's hier unten früher gar so gern getan.

Weisst Du, mein Mädchen, Mania, für uns Menschen ist es nicht einfacher, sich von dem Hund zu trennen, der uns so lang begleitet hat, als umgekehrt. Wir hängen aneinander und die Zeit die wir zusammen Gassi gehen dürfen, die zehn bis allerhöchstens fünfzehn Jahre, die Euer ganzes Hundeleben sind, sind von dem unsern auch schon fast ein Viertel, bei Glück ein Fünftel, jedenfalls ein definierter Abschnitt unsres Seins.

Axa und Canja waren es, die Martin und den HGK zusammenführten. Sie haben uns und unser Moos bewacht, die Zeit des Aufbaus, Denkens, Handelns, eine

Dekade voll Phantasie, an deren Ende nun der Walter Dick das so Entstandne festgehalten hat.

Du bist der neue Hund, mein Hund, mit Dir beginnt ein neues Füreinander und niemand weiss, wie sich das entwickelt und ergibt, was dann an dessen Ende kommen wird. Bist Du der letzte Hund? Erreich' ich noch den Dackel? Wird BALIK Martin weiter freun wie Mania mich und BALIK mich und Mania ihn?

Liebe Lachs-Freunde, die Gedanken in der Garderobe geben einen Einblick in das, was Martin und mich in diesen Monaten bewegt. Unser Haus haben wir bis hierhin bestellt. Dem BALIK geht es gut. Während Martin sich für ein Jahr von der Schule hat beurlauben lassen, konnte ich vorübergehend dem «Rückfall» ins Musische nachgeben. So lösen wir uns wechselseitig ab; und wir ergänzen uns; das tut der Firma gut.

Was das neue Jahr bringen wird, Ihnen, liebe Lachs-Freunde, uns, der Welt, wer weiss? Wir wissen höchstens was wir wollen, können, und was wir dürfen wird uns mitgeteilt. Ein neues Jahr wird sein und neue Jahreszeiten und, so Gott will, ein neuer Herbst.

Am Telephon habe ich dieser Tage mit unsern Damen im Büro gesprochen und über «Herbst» als Thema dieses Briefes hörbar nachgedacht. Die Antwort war ein Spruch fürs Poesiealbum, der so sympathisch ist, so zugewendet ihrem «Chef auf Reisen», dass ich mit Dank an das Büro für ein so gutes Jahr und meiner Damen Spruch hier schliessen möchte.

S'Jungsi git Dir niemer ume.
Tue nüd alt scho vor de Zyt.
Tarsch de Früelig nüd versume,
wenn'D vom Sommer öppis wit.

Alles het si Zyt uf Erde,
aber s'Glück wot gfunde werde.

Herzlichst Ihr
Hans Gerd Kübel

«ERLAUBST DU WOHL, DIR EIN GESCHICHTCHEN ZU ERZÄHLEN?»

Wenn Gerd Kübel einen Raum betrat, füllte er mit seiner Körperlichkeit diesen Raum aus, und es blieb kein Platz für weitere Grössen. Das war für Menschen gleichen Kalibers nicht einfach. So las man auch auf Theaterplakaten «Hans Gerd Kübel» (ohne Bindestrich!), weil die drei Silben «Gerd Kübel» zu wenig Raum eingenommen hätten und er so befürchten musste, dass noch ein weiterer Name auf gleicher Höhe neben dem seinen stehen könnte. Selbstkritisch-augenzwinkernd liebte er Nathan den Weisen zu zitieren:

Der grosse Mann braucht überall viel Boden;
Und mehrere zu nah gepflanzt, zerschlagen
Sich nur die Äste. Mittelgut wie wir,
Find't sich hingegen überall in Menge.
Nur muss der eine nicht den andern mäkeln,
Nur muss der Knorr den Knubben hübsch vertragen,
Nur muss ein Gipfelchen sich nicht vermessen,
Das es allein der Erde nicht entschossen.

Seiner Körperlichkeit und seinem grossen Geist entsprach das Stimmvolumen, wohlausgebildet, stets raum- und «abend»-füllend. Was auch immer er zu sagen hatte, er sagte es laut, vernehmlich, akzentuiert und artikuliert. So war es ein Genuss, ihn seine ironischen Gedichte rezitieren, seine «Geschichten» erzählen, seine Pointen setzen zu hören und – zu sehen, denn neben seiner Stimme war es das Lächeln, das in den Augen begann, was die Zuhörer vereinnahmte. Nichts überliess er dem Zufall, alles war aufs Genaueste bedacht: der zumeist erhöhte Standpunkt, von dem er sprach, die Beleuchtung, das Wegschieben des Mikrophons – was braucht ein Schauspieler seiner Stimmgewalt ein Mikrophon!? – die Pausen, der Blick über die Lesebrille, die sprechenden, sparsamen Handbewegungen, das leise Tremolo, wo es verlangt war,

das Streichen des vollen Bartes, alles wohldosiert, wohleinstudiert, voller Charme. Hier stand ein Schau-Spieler und ein Liebhaber der Sprache, ein Literat, der «seinen» Wilhelm Busch, «seinen» Erich Kästner, «seinen» Brecht, «Zuckmayer, «seinen» Rilke kannte.
Ich lernte Gerd Kübel 1965 in Münster kennen. Wir waren fast im gleichen Alter. Er war am Stadttheater engagiert. Nach der Abendvorstellung besuchte er uns oft, füllte mit seiner Vitalität unsere kleine Wohnung aus – obwohl als junger Mann bei weitem noch nicht von solch gewichtiger Statur, mit der man ihn später kannte – und erheiterte uns mit seinen «Geschichtchen», Geschichtchen über Begegnungen mit bekannten Schauspielern und aussergewöhnlichen Menschen, Geschichtchen über seine Theatererlebnisse, über Kollegen und Regisseure, Schauspiellehrer und Intendanten, auch über seine Kindheit und Jugend.
Ich hörte gebannt zu. Lange nach Mitternacht, so gegen 1.00 Uhr, fielen mir dann doch regelmässig die Augen zu. Ich schlich in mein Bett, denn 6.00 Uhr in der Frühe begann mein Tag als junger Gymnasiallehrer, während Gerd erst um 10.00 Uhr zur Probe musste. Meine Frau dagegen hielt wacker mit. Kurz vor dem Einschlafen hörte ich noch sein tiefes Lachen und seine sonore Stimme: «Als Fritz Kortner einmal auf der Probe...»
Nach zwei Jahren zog es Gerd weiter in die grosse Welt. Wir telephonierten, schrieben uns, sahen uns nur noch sporadisch. Wir reisten ihm nach, ihm, dem umtriebigen Schauspieler, nach Bad Hersfeld zu den Sommerfestspielen, nach Schwäbisch Hall, nach Ulm, nach Bremen, nach Dortmund, überall dorthin, wo er «seine Geschichten» auf der Bühne erzählte, die Geschichte Nathan des Weisen, die Geschichte Galileis, des Denkers und Fressers, die Geschichte des Dorfrichters Adam, der sich in seine erfundenen Geschichten verstrickt und schliesslich durch ständige und berichtigte Wiederholungen den Überblick verliert. Diese drei Figuren fingen Facetten des Wesens von Gerd Kübel ein.
Manchmal trafen wir uns auch an ferngelegenen Flugplätzen, denn Gerd schwebte am Steuerknüppel einer

Sportmaschine ein. «Komm, ich zeige Dir die Welt von oben», lockte er mich einmal und umkurvte mit mir das Ulmer Münster. Ein entsetzliches Erlebnis! Eine dieser Kübelschen Selbstinszenierungen, die mir noch lange schmerzlich in Erinnerung blieben. In Zukunft widerstand ich all seinen Versuchen, mich wieder in die Luft zu entführen. Die Geschichte von diesem Flug mit seinem Freund gehörte ab da zu seinen Standardgeschichten, wenn er mich in meinem gebrochenen Verhältnis zu männlich-modischen Fortbewegungsmaschinen charakterisieren wollte.

Ein ähnliches Erlebnis war dann viele Jahre später meine Erfahrung als Sozius auf seiner gewaltigen Harley «Davidoff», als ich ängstlich in Kurven seine grossräumige Taille umklammerte. Bei Begegnungen mit anderen Motorrädern liess Gerd den Gruss der Entgegenkommenden durch mich erwidern. So hatte ich, ausser mich festzukrallen, die wichtige kommunikative Aufgabe, lässig meine Hand mit den zwei gespreizten Fingern zu heben. Ein Hans Gerd Kübel grüsste nicht selber, er liess grüssen. Auch in diesem Fall pflegte er selbstkritisch-augenzwinkernd zu bemerken: «Ich habe eben für alles meine Knechte!»

1988 war ein besonderes Jahr für Gerd Kübel: Veränderungen in seiner Firma, Krankheit der Mutter, die kurze Zeit später starb. So war es schon bemerkenswert, dass er trotzdem mit grosser Kraft für mich die Titelrolle des «Leben des Galilei» zur Vierhundertjahresfeier meines Gymnasiums übernahm und mit meinen Oberstufenschülern eine von mir vorbereitete Brechtinszenierung mit Elan zum Erfolg führte. Die Aufführung lebte von einer Spannung besonderer Art: der erfahrene Schauspieler mit seiner gewaltigen Ausstrahlung neben der frischen Unbekümmertheit der jugendlichen Darsteller.

Es war für ihn ein Reiz ganz besonderer Art, mit achtzehnjährigen Schülern zu arbeiten. Er liebte es, junge Menschen nach seinem Bilde zu formen, sie einzuführen in die Kunst der Bühne und des Lebens, der Lebensbühne. Er verlangte unbedingte Disziplin und ein Engagement, das an unseren Schulen heute nicht mehr selbstverständlich ist. So verliefen die Proben auch nicht unkompliziert und ohne Tränenausbrüche auf der Bühne, wenn der grosse Meister wieder einmal nicht einsehen wollte, dass Schülerinnen und Schüler am Samstag ihren freien Vergnügungen nachgehen wollten und nicht unbedingt Brecht proben möchten. Bei der Premierenfeier verteilte Gerd an «sein» vom Erfolg berauschtes junges Ensemble mit grosser Geste als Geschenk frisch eingeflogenen «Balik» und ein Exemplar des «Grossen Welttheater» von Calderon, das er für seine Einsiedelinszenierung neu übersetzt hatte, handsigniert und mit sehr persönlicher Widmung für jeden Schüler. Ein Hauch «grosse Welt» machte sich im nüchternen Schulfoyer breit. Dieser Hauch der «grossen Welt» wehte auch noch an HGK's Solo-Abend «Heitere und besinnliche Literatur – liederlich aufgesagt und auch gesungen». Sein Publikum erlebte hier die Verwandlungsfähigkeit vom sinnlichmassigen Galilei zum feinsinn -ironischen Chansonnier: im Frack auf der Bühne bewegte er sich mit einer verblüffenden Leichtigkeit und trug nicht nur die heiteren Texte von Erich Kästner und Kurt Tucholski vor, sondern sogar (wie die von ihm hochverehrte Marlene Dietrich) neben vielen anderen das anrührende Chanson «Weisst du, wo die Blumen sind? Wo sind sie geblieben?...»

Gerd feierte vor zwei Jahren Weihnachten bei uns in Münster. Er freute sich nicht nur wie ein Kind über seine Gaben, sondern gleichzeitig sass ihm der gefrässige Schalk im Nacken, wenn er von unseren Weihnachtsstellern sämtliche Geleebananen wegstibitzte und in Windeseile aufass – «ganz nach Internatsmanier». Eine Stunde später sass dann ein ganz anderer Mensch vor uns. Er fing uns ein mit der Lesung von Felix Timmermanns «Das Tryptichon der Heiligen Drei Könige», eines seiner besonders anrührenden «Geschichtchen».

Doch immer wieder Lessing, immer wieder «Nathan der Weise»!

Als sein schönstes «Geschichtchen» bleibt mir in Erinnerung, wie er uns mal eben am Frühstückstisch die Figur und das Wesen Nathans sprachlich – leicht sächselnd – mimisch und gestisch entwarf. Welch ein wunderbarer Lehrer war er doch! Kleine Anekdoten über seinen Freund, «seinen» Lessing-Regisseur, seinen grossen Lehr-Meister und Intendanten Kurt Hübner streute er bei dieser Frühstücksinszenierung ein.

Seine «Geschichtchen» über Wein, Lachs und über das «Fressen» in Form von Gedichten, Reden, Kolumnen und Vorträgen sind bekannt.

«Geschichtchen» ganz anderer Art, nämlich kleine persönliche Gedichte und gereimte Repliken, schickte er an mich, der ich mir in den letzten Jahren eigens für diesen verkürzten Weg des schriftlichen Gedankenaustausches ein Faxgerät angeschafft hatte. Auf vorgegebene Versmasse folgte fast in Minutenschnelle die metrisch gegliederte und gereimt Antwort, ein Beispiel für seinen flinken, wachen und trainierten Geist und Witz, auf die er sich zu Recht einiges einbildete. Wir liebten beide das Fax, diese «unsere elektrische Eisenbahn».

Nun steht das Faxgerät still, kein Gruss mehr vom «grossen Meister» an «seinen Eckermann», kein Vortragsentwurf mehr, in den das ein oder andere Komma eingesetzt, der eine oder andere Satz gestrichen oder verändert, die eine oder andere Äusserung über moderne bildende Kunst zurechtgerückt werden musste. «Pause nach dem vierten Akt» wollte Gerd seine Lebensgeschichte, die er nun nicht mehr erzählen kann, nennen.Seit dem 2. Februar heisst es Abschied zu nehmen.

Peter Haarmann

GEDENKBLATT FÜR WEDNIORKA

Ach, nun ist Wedniorka tot, dahingerafft vom Herzinfarkt, der Atemnot der Seele. Ein Freund ist nicht mehr und mit ihm nicht mehr ein Ort und eine Luft zum aufmerksamen Reden, Hören, Schweigen.
Wedniorka? Nein, nicht russisch, aber so klingend. Es war eines der Wörter, die der «Lachskönig von Riga», Israel Kaplan, ihm in die Auswahl schrieb damals, als Gerd nach einem Namen suchte für sein Produkt aus der Räucherei im Toggenburg. Neben Wedniorka stand – «Kübel, Eimer». Er hat den Namen in den 80er-Jahren zeitweise für sich selbst verwendet, hat ihn gerne auf die Zunge genommen, gekostet und sich daran erfreut, ihn während einiger Zeit auch in unserer Korrespondenz geführt. Sein schweres Blut verband sich mit der Neigung zum Russophilen, das zu Wort kam in *Balik*, später in Zar Nicolai, in Sjomga. Aber diese Namen hatten ihre feste Bedeutung, waren übersetzbar, traten nach Aussen hin auf. Wedniorka blieb privat, blieb bei ihm und ein paar Freunden. In ihm lagen Fabulierlust und die Freude am Spiel.
Wedniorka war eine Figur in ihm, aber nicht eine wie der Dorfrichter Adam, oder Nathan, oder Galilei, von denen er Leben und Zitate in sich trug und sie mit Präsenz und Brillanz einflocht ins Gespräch. Wedniorka war er selber, war so etwas wie zu einem Wort verdichtete Sehnsucht nach Geborgenheit, seinem Wesen getreu in den Konsonanten tiefgründig-guttural, in den Vokalen hell und freundlich. Es war der Name des Erzählers von Geschichten, am liebsten für Augen, die noch leuchten konnten, für Kinder und Freunde, die in der ofenwarmen und samowarsummenden Stube auf alten Sofas und Kissen sassen. Es war sein «Moos», es war die Räucherei, und es war das schöne Bauernhaus mit der Sicht in die Weite. Es war seine erschaffene heile Welt, die, wie er stets sagte, zu geniessen war; solang sie hält. Und wenn er ausging von dort, ins Tal hinunter – vielleicht war's auch ein Ausritt auf dem Bubentraum, dem «Blubb after Blubb» der Harley Davidson – dann war es stets ein Auftritt.

Ich habe ihn auf der Bühne gesehen, habe seine köstlichen Lachs-Präsentationen erlebt und durfte manches Mal schmunzelnd zuhören an Vernisagen, für seinen Malerfreund Roger Mühl beispielsweise. Unvergesslich aber wird er mir bleiben, als er mit sich selber auftrat, als Wedniorka sozusagen.

Freundschaft will wissen, wie und wo der Freund denn lebt, und so besuchte er mich anno 1985 in Westafrika, wo ich so manches Jahr verbrachte. Auf einer Rundfahrt durch das halbinselförmige Dakar hielten wir auch in Soumbédioune, der offenen Bucht, wo gegen Abend die grossen Pirogen, beladen mit Fischen, auf den anrollenden Wellen zurückgleiten ans Ufer. Am Strand viel Volk und Betrieb. Der Fang wird den Netzen und Kübeln entnommen, gewaschen, zerteilt und lautstark ausgerufen. Mitten in der Menge stand ein Hüne an Kopf und Leibesfülle, mit einem Schlund als Mund und einem Blick, als sei er der Herr der Meere. Wir bewegten uns in seine Richtung, und mit einemmal entstand so etwas wie eine Lichtung zwischen Gerd und ihm, Raum (wie auf der Bühne) zwischen zwei baumhaften Menschen. Sie sahen sich, waren stehengeblieben. Rundum hielt inne, was sich zuvor bewegte. Sie fassten sich ins Auge, musterten sich, massen sich und plötzlich lachte der Riese dröhnend auf und rief Gerd etwas zu in Wolof. Dieser erwiderte in Deutsch ein paar Worte und lachte erheitert zurück.

Es war ein Ereignis von Sekunden, doch jede einzeln gezählt, so wie das hinterher tut, wer sich in den Bann gezogen fühlt von etwas Aussergewöhnlichem. Da lösten sich die Umstehenden, lachten mit und freuten sich am Spiel der zwei Imposanzen, die mit wohlwollendem Respekt einander betrachteten in der Erkenntnis, dass auf anderen Kontinenten auch «Kapazitäten» wuchsen. Beide mochten weit über 100 Kilogramm gewogen haben, in Afrika ein Zeichen von Durchsetzungs- und Einverleibungsvermögen.

«Gar mächtig vollgemästet, satt und mit Saft gefüllt, vom Hals bis zu den Zeh'n» zitierte Wedniorka Carl Zuckmayer eine Weile nach der Begegnung am Strand. Ich hatte es mir ins Tagebuch notiert. Und dabei sah ich ihn plötzlich droben im «Moos» am grossen Küchentisch sitzen und erzählen von seinem guten Geist, von Frau Moser, einer kräftigen Italienerin mit grossem Aktionsradius, Köchin und keineswegs mundfaules Faktotum im Haus. Und wie sie ihm aufgeregt vom Kirschenpflücken erzählt und auf der schwankenden Leiter gestanden habe, und «dabei habe ich beinahe mein Übergewicht verloren». Keiner konnte herzlicher darüber lachen als er, der gleich Gewichtige.

Gewiss, in seiner Fülle wurde die Sinnlichkeit des Geniessers sichtbar. Aber sie war auch in seinem Denken vorhanden und zwar als eine leidenschaftliche Genauigkeit. Sie wurde zum unbestechlichen Begleiter auf seinen Wanderungen zwischen den Welten. Daraus erwuchs die Kraft zum Stromaufschwimmen (wie die Lachse) in allem was er tat und schrieb. Die Wanderung endete, folgerichtig, in einem Land mit einer Geschichte voll Hin und Her. Im elsässischen Riquewihr hätte der Berckheimerhof zum «Haus für Freunde» werden sollen. Dort hätte er nicht mehr spielen wollen, nur wenig mehr Regie führen, dort hätte er sich in den Zuschauerraum setzen wollen zu den Seinen. Die Bühne des Lebens und die Figuren drauf von allen Seiten zu sehen, in jedem Licht, das war die Maxime seiner Toleranz.

«Es gibt für das Leben keinen Standpunkt, nur Bewegung, Vorwärts. Zu den Ahnen dieser Art gehören Sokrates und Lessing». Hermann Hesse hatte das geschrieben aus der Erinnerung an seine Gespräche mit dem schwäbischem Pastor Christoph Schrempf (†13.2.1944), aufmüpfiger Theologe und grosszügiger Freund. Es war die Schlussfolgerung aus diesem Abschnitt: «Freundschaft war in der Antike eine grosse Macht, das Christentum half sie auflösen. Es werden, wenn die Kirchen, Logen, Bünde von gestern dem Ende nahe sind, die Reifen, Bereiten und Willigen, lose in Freundschaft verbunden, das Salz der Erde bilden, sie werden anonym da sein und wirken, und keine Macht und Organisation daraus machen. Sie haben es aufgegeben, sich nach rückwärts zu orientieren und stellen darum auch nicht Schemata und Dogmen auf, die für später bindend sein wollen.»

Von dieser Art der reifen Bereitschaft war Wedniorkas Freundschaft, eine aus alter Zeit und eine der Zukunft, gross- und weitherzig, eigensinng. In dieser Atmosphäre gedieh sein Lebenswerk und darum konnte er nicht Schweizer werden. Eigen-Sinn, besonders wenn's nicht de eigene ist, weckt Abwehrreflexe im Tal. Vielleicht hat ihn diese Enge so gerne an Argentinien denken lassen und an die Weite der Pampa, die er als Gaucho durchritt, damals, als er am Deutschen Theater in Buenos Aries weilte. Aber können Erinnerungen Verletzungen heilen?

Aus den Wechselfällen seines Lebens gewann er Kraft und Erfahrung, aber es lag auch Distanz darinnen – zu sich selbst, zu anderen, und eine Unbehaustheit, die ihm in den letzten Jahren schwer zu schaffen machte. Mehrmals hat er Hesse zitiert mit dem Gedicht «Im Nebel» und daraus diesen Vers: «Voll von Freunden war mir die Welt / als noch mein Leben licht war / Nun, da der Nebel fällt / ist keiner mehr sichtbar». War sein Leben bühnenlicht, sein Nebel der Vorhang? Faszination und Tragik liegen nahe beieinander, wenn einer so bewandert ist im Rollenspiel der Menschen, so souverän, humorvoll und lebensklug, dass er anderen lebensdienlich sein, es für sich selber aber nicht nutzen kann.

Ob sich sein Schicksal besiegelte durch jene verborgene Eigenschaft, die der Chor in Henry Purcells «Dido und Aeneas» kurz vor Spielende besingt: «Great minds against themselves conspire / And shun the cure they most desire«. / Grosse Seelen zermartern sich selbst und verachten die Hilfe, die sie am meisten begehren?

Hab Dank, Wedniorka, und lebe wohl.

Hanspeter Reichmuth

HGK ÜBER HGK

HANS GERD KÜBEL, Schauspieler, Regisseur und Dozent, lebt seit 1972 in der Schweiz. Harry Buckwitz holte ihn damals ans Zürcher Schauspielhaus, wo HGK die grossen dramatischen Rollen spielte und an der Schauspielakademie unterrichtete. Seine Bühnenkarriere hatte nach dem Medizinstudium in Frankfurt am Main als Kabarettist beim Düsseldorfer Kom(m)ödchen begonnen. Vor seinem Engagement in Zürich war HGK zusammen mit Reinhold K. Olszewski Leiter der Deutschen Kammerspiele in Buenos Aires gewesen.

Mit dem Ende der Ära Buckwitz zog sich HANS GERD KÜBEL 1976 ins Toggenburg zurück, von wo aus er als Gast an den grossen Bühnen, vor allem in Berlin, seine Lieblingsrollen spielte, so «Galileo Galilei», «Nathan der Weise», «Dorfrichter Adam».

Im weiteren übersetzte Kübel Calderon de la Barcas «Das grosse Welttheater» und brachte es 1981 für die Spiele in Einsiedeln mit grossem Erfolg zur Aufführung. 1983 wurde er Intendant der Festspiele in Bad Hersfeld und inszenierte dort Schillers «Don Carlos».

Seit 1978 ist der Name HANS GERD KÜBEL ausserdem durch die einzigartige Lachsräucherei auf seinem Bauernhof in den Toggenburger Bergen bekannt geworden.

In den Jahren 1990 bis 1992 zieht sich HANS GERD KÜBEL nach und nach aus dem operativen Lachsgeschäft zurück und übergibt dieses an die CAVIAR HOUSE GRUPPE. Er bleibt Eigentümer der Marke BALIK und wirkt im Bereich der Öffentlichkeitsarbeit weiterhin mit.

Seit Beginn dieses Jahres bereitet HANS GERD KÜBEL im Elsässischen RIQUEWIHR die Eröffnung einer Begegnungsstätte für Menschen vor, die mit ihm die Leidenschaft teilen für die fünf Bereiche, die sein Leben bestimmt haben: Literatur, Musik, Malerei, Essen und Trinken.

9. Juli 1993

WILHELM BUSCH

Früher, als ich unerfahren
Und bescheidner war als heute,
Hatten meine höchste Achtung
Andre Leute.
Später traf ich auf der Weide
Ausser mir noch mehre Kälber,
Und nun schätz ich, sozusagen,
Erst mich selber.

*

Wenn andre klüger sind als wir,
Das macht uns selten nur Pläsir,
Doch die Gewissheit, dass sie dümmer,
Erfreut fast immer.

*

Wenn mir mal ein Mahlheur passiert,
Ich weiss, so bist du sehr gerührt,
Du denkst, es wäre doch fatal,
Passierte dir das auch einmal.
Doch weil das böse Schmerzensding
Zum Glück an dir vorüberging,
So ist die Sache anderseits
Für dich nicht ohne allen Reiz.
Du merkst, dass die Bedauerei
So eine Art von Wonne sei.

Befriedigt

Gehorchen wird jeder mit Genuss
Den Frauen, den hochgeschätzten,
Hingegen machen uns meist Verdruss
Die sonstigen Vorgesetzten.

Nur wenn ein kleines Missgeschick
Betrifft den Treiber und Leiter,
Dann fühlt man für den Augenblick
Sich sehr befriedigt und heiter.

Als neulich am Sonntag der Herr Pastor
Eine peinliche Pause machte,
Weil er den Faden der Rede verlor,
Da duckte sich der Küster und lachte.

Gedrungen

Schnell wachsende Keime
Welken geschwinde;
Zu lange Bäume
Brechen im Winde.

Schätz nach der Länge
Nicht das Entsprungne;
Fest im Gedränge
Steht das Gedrungne.

Die Nachbarskinder

Wer andern gar zu wenig traut,
Hat Angst an allen Ecken;
Wer gar zu viel auf andre baut,
Erwacht mit Schrecken.

Es trennt sie nur ein leichter Zaun,
Die beiden Sorgengründer;
Zu wenig und zu viel Vertraun
Sind Nachbarskinder.

*

Mein kleinster Fehler ist der Neid. –
Aufrichtigkeit, Bescheidenheit,

Dienstfertigkeit und Frömmigkeit,
Obschon es herrlich schöne Gaben,
Die gönn' ich allen, die sie haben.
Nur, wenn ich sehe, dass der Schlechte
Das kriegt, was ich gern selber möchte;
Nur wenn ich leider in der Nähe
So viele böse Menschen sehe,
Und wenn ich dann so oft bemerke,
Wie sie durch sittenlose Werke
Den lasterhaften Leib ergötzen,
Das freilich tut mich tief verletzen.
Sonst, wie gesagt, bin ich hienieden
Gottlobunddank so recht zufrieden.

Reue

Die Tugend will nicht immer passen,
Im Ganzen lässt sie etwas kalt,
Und dass man eine unterlassen,
Vergisst man bald.

Doch schmerzlich denkt manch alter Knaster,
Der von vergangnen Zeiten träumt,
An die Gelegenheit zum Laster,
Die er versäumt.

*

Wer möchte diesen Erdenball
Noch fernerhin betreten,
Wenn wir Bewohner überall
Die Wahrheit sagen täten.

Ihr hiesset uns, wir hiessen euch
Spitzbuben und Halunken,
Wir sagten uns fatales Zeug,
Noch eh wir uns betrunken.

Und überall im weiten Land,
Als langbewährtes Mittel,
Entsprosste aus der Menschenhand
Der treue Knotenknittel.

Da lob ich mir die Höflichkeit,
Das zierliche Betrügen.
Du weisst Bescheid, ich weiss Bescheid;
Und allen macht's Vergnügen.

ERICH KÄSTNER

Der Juli

Still ruht die Stadt. Es wogt die Flur.
Die Menschheit geht auf Reisen
oder wandert sehr oder wandelt nur.
Und die Bauern vermieten die Natur
zu sehenswerten Preisen.

Sie vermieten den Himmel, den Sand am Meer,
die Platzmusik der Ortsfeuerwehr
und den Blick auf die Kuh auf der Wiese.
Limousinen rasen hin und her
und finden und finden den Weg nicht mehr
zum Verlorenen Paradiese.

Im Feld wächst Brot. Und es wachsen dort
auch die künftigen Brötchen und Brezeln.
Eidechsen zucken von Ort zu Ort.
Und die Wolken führen Regen an Bord
und den spitzen Blitz und das Donnerwort.
Der Mensch treibt Berg- und Wassersport
und hält nicht viel von Rätseln.

Er hält die Welt für ein Bilderbuch
mit Ansichtskartenserien.
Die Landschaft belächelt den lauten Besuch.
Sie weiss Bescheid.
Sie weiss, die Zeit
überdauert sogar die Ferien.

Sie weiss auch: Einen Steinwurf schon
von hier beginnt das Märchen.
Verborgen im Korn, auf zerdrücktem Mohn,
ruht ein zerzaustes Pärchen.
Hier steigt kein Preis, hier sinkt kein Lohn.
Hier steigen und sinken die Lerchen.

Das Mädchen schläft entzückten Gesichts.
Die Bienen summen zufrieden.
Der Jüngling heisst, immer noch, Taugenichts.

Er tritt durch das Gitter des Schattens und Lichts
in den Wald und zieht, durch den Schluss
des Gedichts,
wie in alten Zeiten gen Süden.

Der September

Es ist ein Abschied mit Standarten
aus Pflaumenblau und Apfelgrün.
Goldlack und Astern flaggt der Garten,
und tausend Königskerzen glühn.

Das ist ein Abschied mit Posaunen,
mit Erntedank und Bauernball.
Kuhglockenläutend ziehn die braunen
und bunten Herden in den Stall..

Das ist ein Abschied mit Gerüchen
aus einer fast vergessnen Welt.
Mus und Gelee kocht in den Küchen.
Kartoffelfeuer qualmt im Feld.

Das ist ein Abschied mit Getümmel,
mit Huhn am Spiess und Bier im Krug.
Luftschaukeln möchten in den Himmel.
Doch sind sie wohl nicht fromm genug.

Die Stare gehen auf die Reise.
Altweibersommer weht im Wind.
Das ist ein Abschied laut und leise.
Die Karussells drehn sich im Kreise.
Und was vorüber schien, beginnt.

Kennst Du das Land, wo die Kanonen blühen?

Kennst Du das Land, wo die Kanonen blühn?
Du kennst es nicht? Du wirst es kennenlernen!
Dort stehn die Prokuristen stolz und kühn
In den Bureaus, als wären es Kasernen.

Dort wachsen unterm Schlips Gefreitenknöpfe.
Und unsichtbare Helme trägt man dort.
Gesichter hat man dort, doch keine Köpfe.
Und wer zu Bett geht, pflanzt sich auch schon fort!

Wenn dort ein Vorgesetzter etwas will
– und es ist sein Beruf etwas zu wollen –
Steht der Verstand erst stramm und zweitens still.
Die Augen rechts! Und mit dem Rückgrat rollen!

Die Kinder kommen dort mit kleinen Sporen
Und mit gezogenem Scheitel auf die Welt.
Dort wird man nicht als Zivilist geboren.
Dort wird befördert, wer die Schnauze hält.

Kennst Du das Land? Es könnte glücklich sein.
Es könnnte glücklich sein und glücklich machen!
Dort gibt es Äcker, Kohle, Stahl und Stein
Und Fleiss und Kraft und andre schöne Sachen.

Selbst Geist und Güte gibt's dort dann und wann!
Und wahres Heldentum. Doch nicht bei vielen.
Dort steckt ein Kind in jedem zweiten Mann.
Das will mit Bleisoldaten spielen.

Dort reift die Freiheit nicht. Dort bleibt sie grün.
Was man auch baut, – es werden stets Kasernen.
Kennst Du das Land, wo die Kanonen blühn?
Du kennst es nicht? Du wirst es kennenlernen!

FRIDOLIN TSCHUDI

Kennst du das Land...?

Kennst du das Land, wo die Neurosen blühn
und wo die meisten Menschen über Föhndruck
stöhnen,
obwohl sie sich seit langem schon bemühn,
sich an den bösen Dauerzustand zu gewöhnen?

Kein Wunder deshalb, dass dort die Chemie
mit altruistisch wohldosiertem Helferwillen
als dividendenstarke Industrie
zu allen Mitteln greift, um jeden Schmerz zu stillen.

Kennst du das Land, wo man nur selten lacht
und bloss die Simpel sich zur Heiterkeit bekennen,
wo einzig der gilt, der Karriere macht,
und jene, die ein Bankkonto ihr eigen nennen?

Das Land ist klein, jedoch arkadisch schön,
und wird von seinen Nachbarn ringsherum beneidet,
obschon es allzuhäufig dank dem Föhn
an geistig-seelischer Verdauungsstörung leidet.

So sehr die Pharmazeuten sich bemühn,
den tragischen Konflikt mit Dragées zu versüssen:
im Land, in dem die «Fleurs du Malaise» blühn,
muss man die Saturiertheit mit Neurosen büssen.

Kennst du das Land, von dem der Barde spricht?
Kennst du es wohl? – (Italien ist es nicht!)

Pack das Leben

Sind es Jahre, sind es Tage,
die uns noch beschieden? –
Mit der Antwort auf die Frage
wärst du kaum zufrieden.

Wüsstest du, was dir bevorsteht
und vielleicht schon lange
unaufhaltsam in dir vorgeht,
würde es dir bange.

Kenntest du die Art des Scheidens
und die Schicksalsstunde,
gingst als Opfer deines Leidens
du an dir zugrunde.

Sind es Jahre, sind es Wochen,
die uns noch gegeben? –
Frage nicht ununterbrochen,
sondern pack das Leben!

Von toten Dingen

Was weiss ein Teesieb von Erotik,
ein Taburett von Hindemith,
ein Kühlschrank von der deutschen Gotik,
ein Schuhgestell vom Goldnen Schnitt? –

Hat wohl ein Teppich Angstgefühle?
Worüber unterhalten sich,
wenn sie allein sind, unsre Stühle? –
Denkt, falls er denkt, dein Tisch an dich? –

Wünscht sich die Lampe einen Gatten?
Sah je ein Spiegel sein Gesicht?
Sind Louis Armstrong-Langspielplatten
auf Lärm allergisch oder nicht? –

Empfindet eine WC-Rolle
als Schmach und Schande ihr Geschick?
Ist wirklich die geheimnisvolle
Tapete blind und ohne Blick? –

Du siehst: Nur Fragen, nichts als Fragen –
und keine Antwort, liebes Kind!
Weil tote Dinge dir nicht sagen,
ob sie nicht doch lebendig sind.

Bald blüht im Wald der Seidelbast

Jetzt könnte selbst ein Doktor jur.
ein Bruder Leichtsinn werden
und stundenlang in der Natur
sich, frei von Paragraphen, nur
als Vagabund gebärden.

Er hätte von der Aktenlast
sich lediglich zu trennen
und brauchte sich botanisch fast
(bald blüht im Wald der Seidelbast)
nicht weiter auszukennen.

Vergessen wäre Justinian,
vergessen die Pandekten,
weil ihn, den Wiesengott und Pan,
die Nymphen, die ihm zugetan,
gar allzu neckisch neckten...

So träumt im Amt, den Lenz im Blut,
vielleicht ein Junggeselle.
Er träumt dies nur, und das ist gut,
sonst käme er als Substitut
bestimmt um seine Stelle.

Doch falls du es vergessen hast:
Bald blüht im Wald der Seidelbast!

Was uns schwerfällt

Beschenkt zu werden, fällt uns schwerer fast
als schenken! –
Nur Kinder sind dazu noch fähig und bereit
und lassen ohne metaphysische Bedenken
sich einzig vom erhabenen Gedanken lenken,
das Weihnachtswunder sei erhöhte Wirklichkeit.

Wir, die wir unsere Unschuld längst verloren haben
und nicht mehr glaubensstark und reinen Herzens
sind,

empfangen, innerlich verschüttet und begraben,
auch jene uns vom Himmel zugedachten Gaben
zumeist verlegen schier und für die Gnade blind.

Wenn mir das Christkind heute einen Kasper brächte,
so einen dummdreist buntkarierten Hampelmann,
den ich als Bub mir wünschte während langer Nächte,
wär ich zwar momentan entzückt, jedoch ich dächte,
dass ich mir solch ein Ding auch kaufen kann.

Genauso geht es uns mit anderen Geschenken,
selbst wenn es sogenannte Gaben Gottes sind:
denn anstatt dankbar aufwärts unsern Blick zu lenken,
sind wir verliebt ins irdisch-merkantile Denken.
Beschenkt zu werden, fällt uns nicht so leicht,
mein Kind!

Was schön ist

Barfuss über eine sommerwarme Alp zu gehn,
noch barfüsser sich im Dünensand zu strecken.
Ohne eine fremde Sprache völlig zu verstehn,
intuitiv ihr Wesentliches zu entdecken.

Etwas tun, was unnütz ist und dir kein Geld einbringt,
aber dir dazu verhilft, dich zu vergessen.
Ein Gedicht zu schreiben, das dir, wie du glaubst, gelingt,
und von Plänen fasziniert sein und besessen.

Freunde anzutreffen, die man lang schon nicht mehr sah,
so jedoch, als sei man ihnen erst begegnet.
Eine Landschaft aufzuspüren, die uns plötzlich nah
und vertraut ist, auch wenn es in Strömen regnet.

Ideal und schön empfinden freilich manche noch
vieles weitre, was ich hier nicht aufgeschrieben;
denn als angenehm betrachten wir vielleicht nur doch,
was uns selber wohltut, nicht was andre lieben.

Die Macht der Stille

Ab und zu und ausnahmsweise
werden laute Leute leise,
wenn sie, um bald zu verschwinden,
sich in einem Dom befinden.

Das ist allen Kirchen eigen:
dass sogar die Schwätzer schweigen
und, selbst wenn sie diese hassen,
nur die Stille sprechen lassen.

Juden, Christen oder Heiden
werden lammfromm und bescheiden,
und sie tun vor den Altären
so, als ob sie gläubig wären.

Solches kann man in Moscheen
oder Synagogen sehen
respektive – ich möcht's schwören –
sozusagen schweigen hören.

Gotteshäuser (beispielsweise)
machen laute Leute leise,
weil sie vor der Stille prompt
Angst und Ehrfurcht überkommt.

ANMERKUNGEN

«Wir beklagen den Verlust eines aussergwöhnlichen Menschen...»

Als Chefredaktor des St. Galler Tagblattes hat Jürg Tobler HGK als Kolumnisten gewinnen und auch als Dozenten für die St. Galler Journalistenschule engagieren können. In einer Rede, die er am 26. Mai 1994 hielt, hat er dem verstorbenen Freund Hans Gerd Kübel noch einmal die Honneur erwiesen:

«Er war ein Pavarotti der Rede, der sich aber auch aufs Schreiben verstand – besser als die meisten der in unserem endlosen Berufsregister Immatrikulierten.
Ich spreche von ihm, nicht um Euch zu einer späten Verneigung zu bewegen, sondern weil ich mit Betrübnis erkennen musste, dass wir ihn als Fremden arretiert und auf Distanz gehalten hatten. Er war uns nicht geheuer. Wir erkannten nicht, wozu dieses Experiment «bunter Vogel» gut sein konnte. Wir sahen *ihn* als Lehrling, nicht uns.»

Fünf Kolumnen...

Während dreier Jahre (1987-1990) sind HGKs Kolumnen in einem Rhythmus von 14 Tagen im St. Galler Tagblatt erschienen – wirklich *Kolumen, Säulen* in Form von Einspaltern in ganzer Seitenhöhe. Des «Journalismus ganzer Jammer» fasst einen an, wenn man HGKs Kolumnen mit dem vergleicht, was heute mit dem gleichen Etikett – und oft unterzeichnet mit prominenten Namen – täglich oder wöchentlich zu lesen ist.

«Die schönen Tage von Luxor sind nun zu Ende...»

Mövenpick-Gründer Ueli Prager (UP) und Balik-Unternehmer Hand Gerd Kübel (HGK) waren zuerst Konkurrenten, um später Freunde zu werden. In einer fulminanten «Wortmeldung anlässlich der Präsentation des Buches ‹Ueli Pragers Mövenpick Story› von Pierre Itor» hat HGK zu einer Laudatio und Rehabilitation von UP ausgeholt, die nicht ohne Folgen blieb.

Ueli Prager und Dominik Betschart haben HGK zu einem Aufenthalt im Mövenpick-Hotel Luxor eingeladen. Mit einem zwölfseitigen Brief hat er sich auf seine Weise dafür bedankt.

Frühlings-Faxereien

Mit Peter Haarmann hat HGK zwei Jahre lang eifrig gefaxt und zwar in Versen und in Prosa. Mitgewirkt haben dabei Theodor Fontane, Fridolin Tschudi und – Johannes Deutsch, hinter dem sich der Poet und Verseschmied HGK selber verbirgt.

BALIK – besessen von einer Idee

Die leicht gekürzte BALIK-Story des langjährigen Freundes und Geschäftspartners Martin Klöti haben wir mit freundlicher Genehmigung des Hädecke Verlages, Averbeck und Kampf, dem Prachtband ‹Lachs.Salm.Lax. *Die silberne Verheissung, Professionalien für Kenner*› entnommen. Mit diesem Werk, das in einer Buchhandelsausgabe, einer Mövenpickausgabe (Ueli Prager hat das Weinbrevier verfasst) und in einer bibliophilen BALIK-Ausgabe erschienen ist, erweist sich HGK als gastrosophischer Autor und genialer Bücherinitiator. Das Buch wurde mit einer Silbermedaille der Gastronomischen Akademie Deutschland ausgezeichnet; für mich und für viele Freunde der Bibliophilie ist und bleibt es eines der schönsten Bücher der letzten Jahre.

Zwei Lachs-Briefe

Der erfolgreiche Start und weltweite Erfolg des BALIK-Rauchlachses ist auf die Qualität des Produktes und auf HGKs sehr persönliches Marketing zurückzuführen. Jürg Tobler formulierte diese Gabe in einem einzigen Gebot:

«Du sollst einem guten Produkt eine noch bessere Legende mitgeben, eine Geschichte, ein paar Geschichtchen auch und ein kleines unauflösbares Geheimnis. Darauf verstand sich Gerd Kübel. Er verkaufte *zauberhaft!*»

«Erlaubst du wohl, dir ein Geschichtchen zu erzählen...»

Mit dieser Frage beginnt Lessings Nathan der Weise die Erzählung der Ringparabel:

«Vor grauen Jahren lebt' ein Mann im Osten,
Der einen Ring von unschätzbarem Wert
Aus lieber Hand besass. Der Stein war ein
Opal, der hundert schöne Farben spielte,
Und hatte die geheime Kraft, vor Gott
Und Menschen angenehm zu machen, wer
In dieser Zuversicht ihn trug.»

Gedenkblatt für Wedniorka...

Mit einem Versand von HGKs erstem Lachs-Brief hat sich Hanspeter Reichmuths väterliche Weinhandlung mit BALIK und seiner «Verschwörung der Qualität» identifiziert. Sein Gedenkblatt erinnert daran, dass sein Freund trotz seiner zahlreichen Berufe «im Hauptfach» Mensch geblieben ist, und dass sein Schicksal von Tragik gezeichnet war.

Aus Hans Gerd Kübels «Notvorrat an Geistigem»...

Dazu gehören auch die Gedichte Goethes, Schillers, Rilkes bis hin zu denen Brechts, um nur die wichtigsten Dichter zu nennen. Bewusst beschränken wir uns aber auf drei begnadete Humoristen mit mehr oder weniger melancholischem Grundton. Standen sie doch HGK besonders nahe, hat er sie doch immer wieder zitiert.

Seine letzte wichtige literarische Entdeckung war zweifellos *Fridolin Tschudi,* dessen *Anakreontischer Imperativ* (S. 11) ihm so viel bedeutete.

Dem Atrium Verlag Zürich danken wir für das Copyright der Gedichte von Erich Kästner.

P.R.

FRIDOLIN TSCHUDI IM ROTHENHÄUSLER VERLAG

UNSERE TIERE
15 Tierfabeln und 32 Tierverse

Fridolin Tschudis heitere und witzige Tierfabeln und Tierverse endlich in einem geschenkwürdigen Band vereinigt. Einige Titel zur Einstimmung: Spuren im Schnee – Beim Betrachten meines Katers – Franziskanische Werktagspredigt – Amsellied – Sieben sanfte Turteltauben.

WER LACHT, LEBT LÄNGER
Sprüche, Verse und Gedichte

Fridolin Tschudi, am 11. Juni 1912 in Zürich geboren, am 5. Februar 1966 in Klosters gestorben. Sein Witz und seine «Lebensfreundlichkeit» haben Generationen entzückt. In unserer tristen und verdrossenen Gegenwart können Fridolins Heiterkeit und versöhnliche Konzilianz Wunder wirken.
Zum 80. Geburtstag des Zürcher Poeten ist eine Anthologie erschienen mit Versen und Prosastücken. Höchst aktuell ist die Fabel über den Rassenhass «Kuckuck und Grünspecht». Im Mittelpunkt stehen 333 Zweizeiler, lächelnde Lebensweisheiten, Nonsense-Sprüche und menschlich-allzumenschliche Alltagssituationen, die zum Schmunzeln einladen. Parodien, Gedichte und der Nachruf auf einen tödlich verunfallten Dackel runden das von Marta Tschudi teilweise farbig illustrierte Geschenkbuch ab.

Rothenhäusler Verlag CH-8712 Stäfa

In der Reihe der Kleinen, Klugen, Kultivierten

FRIDOLIN TSCHUDI, FROH SEIN, DASS WIR LEBEN DÜRFEN. *Verse und Zeichnungen*
Kleine Seelenapotheke für die einsame Insel oder für das Musse-Stündchen des Alltags.

IRONIE ODER DER BALKEN IM EIGENEN AUGE
300 Splitter, Späne und Sprüche. 100 Autoren von Sokrates über Lichtenberg, Wilhelm Busch und Nestroy bis Lec und Woody Allen haben am ironischen Überlebensbrevier mitgearbeitet.

PIERRE ITOR, DAS MÜESLI-BÜECHLI
100 Jahre nach der Erfindung des Bircher-Müeslis erhält die Internationale der Müeslianer endlich ihr vollwertiges Manifest, die Bircher-Benner-Story und die besten Rezepte.

MAX WEITNAUER, EIN BLUMENSTRAUSS
Verse und farbige Aquarelle
Die uralte, geheimnisvolle, immer wieder frische Blumensprache vermittelt jene Frohbotschaft, die uns gerade heute not tut und gut tut.

ERIKA RITZ, VON EINEM FRÜHLING ZUM ANDERN. *Aus meinem Tagebuch*
Dieser aufrichtige Alltagsdialog zwischen Frau und Mann steht im Zeichen von Toleranz und Grossmut.

RUTH LUDWIG, MÜTTER, MYTHEN, MÄRCHEN UND MAGIE. *Vier Essays*
In der rationalen Moderne üben die fünf M – Matriarchat, Mythologie, Märchen, Mystik und Magie – ihre unheimliche Macht aus.

WALTER LUDIN,
WO SIND DIE FREUNDBILDER?
Quergedanken
Mit einem Vorwort von Kurt Marti.
Illustrationen von René Fehr.

PIERRE ITOR, EINE VERSCHWÖRUNG FÜR DIE HUMANITÄT
Berühmte und verfemte Freimaurer aus 13 Nationen mit ihren Steckbriefen.

DIE FREIMAURER
Eine moderne Idee
Die Ursprünge und Historie, die esoterischen, philosophischen und kosmopolitischen Ziele des Freimaurerbundes werden offen dargestellt.

WOLFRAM KRAFFERT
Spuk in Edinburgh
Phantastische Aufzeichnungen
Drei absolut unglaubliche Spukgeschichten.

BANTU, SPATZ, GISPEL & CO.
Lehrer, die wir hatten.
Sieben Schüler danken ihren unvergessenen Lehrern (Konrad Escher, Karl Schmid, Paul Usteri, Otto Weiss, Max Zollinger u.a.).

KARL SCHMID, GEISTIGE GRUNDLAGEN DES HEUTIGEN DEUTSCHLAND
Eine unheimlich aktuelle Deutschlandstunde mit Karl Schmid, dem grossen Germanisten und Historiker, Schweizer und Europäer. 1954 in Winterthur gehalten, hat dieser Vortrag nichts von seiner Aktualität eingebüsst.

FELIX M. WIESNER, VOM TAO DER HOFFNUNG AUF DAS ALTE CHINA
Brevier gegen das widernatürliche Patriarchat und für ein taoistisch geläuteres Christsein.

Verlangen Sie das Gesamtprogramm.

Rothenhäusler Verlag CH-8712 Stäfa